新编21世纪高等职业教育精品教材 · 通识课系列

生态文明

SHENGTAI WENMING

主　编 ◎ 黄仁望　李　嘉
副主编 ◎ 张　愿　覃莹莹　强艳芳　王冬钦　周　妮
参　编 ◎ 黎红莲　陈泳江　梁新娥　伍　茜　廖万波
谭瑞红　陆欣妍
主　审 ◎ 莫嘉凌

中国人民大学出版社
· 北京 ·

图书在版编目（CIP）数据

生态文明 / 黄仁望，李嘉主编 . -- 北京：中国人民大学出版社，2025. 8. --（新编 21 世纪高等职业教育精品教材）. -- ISBN 978-7-300-34118-7

Ⅰ. X24

中国国家版本馆 CIP 数据核字第 2025QB0071 号

新编 21 世纪高等职业教育精品教材 · 通识课系列

生态文明

主　编　黄仁望　李　嘉

副主编　张　愿　覃莹莹　强艳芳　王冬钦　周　妮

参　编　黎红莲　陈泳江　梁新娥　伍　茜　廖万波　谭瑞红　陆欣妍

主　审　莫嘉凌

Shengtai Wenming

出版发行	中国人民大学出版社		
社　　址	北京中关村大街 31 号	**邮政编码**	100080
电　　话	010－62511242（总编室）		010－62511770（质管部）
	010－82501766（邮购部）		010－62514148（门市部）
	010－62511173（发行公司）		010－62515275（盗版举报）
网　　址	http://www. crup. com. cn		
经　　销	新华书店		
印　　刷	北京瑞禾彩色印刷有限公司		
开　　本	787 mm × 1092 mm　1 / 16	**版　　次**	2025 年 8 月第 1 版
印　　张	10.75	**印　　次**	2025 年 8 月第 1 次印刷
字　　数	200 000	**定　　价**	43.00 元

前言
Preface

自 20 世纪中叶以来，环境问题成为全球范围内的紧迫议题。随着人类对资源的过度开发与利用，我们赖以生存的地球环境正面临着前所未有的挑战。全球气候变暖加剧、生物多样性减少等问题，迫使我们重新审视人与自然的关系，更加重视可持续发展问题。在这一背景下，生态文明成为引领未来发展的先进理念，生态文明建设也已成为当代社会发展的迫切需求。教育作为塑造未来公民的关键力量，有责任培养具备生态智慧和可持续发展观念的新一代人才。本教材正是在对当前形势深刻理解的基础上，结合教育实践需求编写而成，旨在为教育者和学生提供系统的生态文明教育知识，通过教育引导新一代形成与自然和谐相处的观念。

本教材为章节式体例，共 7 章，内容包括：走近生态文明、了解生态危机、生态文明建设、生态经济建设、生态文化建设、生态社会建设、探寻生态文明教育的新途径。本教材通过深入解析生态文明理论与实践知识，以期为学生提供全面的生态文明教育，使学生具备对环境问题的认知和解决能力。

本教材具有以下特点：

1. 注重跨学科融合，将自然科学、社会科学、人文学科等多个领域的知识有机结合，以呈现生态文明的多维度面貌。

2. 强调问题导向学习，通过真实案例和实际问题引导学生主动思考、解决问题，培养他们的实践能力。

3. 设置丰富的模块。本教材的每章内容均设置学习目标、案例导入、知识链接、课堂互动、绿色行动、本章练习等模块，旨在帮助学生理解所学知识，同时提升学生的学习兴趣。

本教材由广西农业工程职业技术学院组织编写，由黄仁望、李嘉担任主编，莫嘉凌主审，张愿、覃莹莹、强艳芳、王冬钦、周妮担任副主编，黎红莲、陈泳江、梁新娥、伍茜、廖万波、谭瑞红、陆欣妍参加编写。

本教材内容丰富全面，应用性强，适合学校作为教材选用，也适合对生态文明教育感兴趣的个人自学选用。

本教材编写过程中，参阅了大量国内外公开出版发行的生态文明教育相关文献及网络资源，恕不一一列举，在此一并致谢。

由于编者水平有限，缺漏或不当之处在所难免，敬请读者批评指正。

编　者

2025 年 7 月

目 录

Contents

第一章
走近生态文明

学习目标

【知识目标】

1. 了解生态文明的内涵
2. 熟悉生态文明的特征

【技能目标】

1. 梳理并分析中国环境与生态文明教育的发展历程
2. 掌握生态文明教育的核心理念

【素质目标】

1. 通过学习生态文明知识，促进绿色生活方式的养成
2. 端正尊重自然、保护环境的态度，具备分析环境问题的能力，能够提出解决环境问题的建议

【案例导入】

从“沙进人退”到“绿进沙退”，“库布齐”如何成为美丽中国的“绿色名片”?

库布齐沙漠位于内蒙古鄂尔多斯高原北部，总面积约1.41万平方公里，是中国第七大沙漠。库布齐沙漠治理，不仅关乎当地居民的生存环境，更是对美丽中国生态文明建设的重要贡献。

鉴于库布齐沙漠生态环境的脆弱性，杭锦旗等地开展系列创新实践，形成独特的“库布齐模式”。该模式以政府政策性支持、产业化投资、农牧民市场化参与和科技持续化创新“四轮驱动”，各要素协同配合、共同发力，促进生态持续改善。

政府层面，相关改革政策陆续出台，不断完善荒漠化防治顶层设计。自2001年《中华人民共和国防沙治沙法》颁布以来，中国成为世界上首个针对荒漠化防治专门立法的国家。2022年12月，七部门联合印发《全国防沙治沙规划（2021—2030年）》，按照保护优先、重点修复、适度利用的总体思路，推进防沙治沙高质量发展。

在政策引导和鼓励下，众多企业积极进行产业化投资，逐步构建起生态修复、生态畜牧业、生态健康、生态旅游、生态光伏、生态工业“六位一体”的沙漠生态产业综合体系，这一体系融合第一、二、三产业，实现生态效益、经济效益和社会效益的和谐统一，逆向拉动库布齐沙漠治理。

鄂尔多斯地区通过政府引导和企业带动，构建起多方位、多渠道利益联结机制，充分调动广大农牧民参与治沙致富的积极性和主动性，激发内生动力。群众主动参与生态建设工程，投身旅游等产业，改善生活环境的同时，拓展经济来源，共享沙漠生态改善和绿色经济发展成果，促进人与自然和谐共生。

此外，科学技术在库布齐沙漠治理中发挥关键作用。我国研发出一系列先进实用的治沙技术，如通过科学节水措施和环保型固沙剂应用，有效恢复沙区植被；推广乔灌草栽培新技术，提升沙区综合治理效果。在光伏治沙领域，达拉特旗引入大规模光伏项目，利用光伏板遮阴效果，在大面积沙地开展沙生植物、耐阴牧草等规模化种植，探索“板上发电、板间种植、板下修复”的光伏沙漠治理新模式，实现资源高效利用，走出生态与经济共赢之路。

在“四轮驱动”创新模式的推动下，经过多年不懈努力，库布齐沙漠治理取得显著成效，沙漠植被覆盖率达到53%，其输入黄河的泥沙也减少八成，生态环境明显改善。库布齐沙漠治理模式得到广泛认可，并向沙特、蒙古国等共建“一带一路”国家推广，成为中国走向世界的一张“绿色名片”。

库布齐沙漠的治理生动诠释了“绿水青山就是金山银山”的发展理念，是美丽中国生态文明建设的重要组成部分。通过创新实践和科学技术的应用，库布齐沙漠实现了从“沙进人退”到“绿进沙退”的历史性转变。展望未来，库布齐沙漠的治理将继续深入推进，为全球荒漠化治理贡献“中国智慧”。

资料来源：寻甸回族彝族自治县科学技术协会.从“沙进人退”到“绿进沙退”，“库布齐”如何成为美丽中国的“绿色名片”？.（2025-01-10）[2025-04-18]. https：//mp.weixin.qq.com/s/qoSwzBcAfZqjtSuE7jz8iw.

启示与思考：

库布齐沙漠的生态治理奇迹告诉我们，生态文明建设不是一朝一夕之功，需要政府、企业和民众的共同参与和长期坚持。通过生态文明教育，提升公众的环保意识，激发社会各界参与生态保护的积极性，是推动生态文明建设的重要力量。同时，坚持绿色发展理念，探索符合当地实际的生态修复和可持续发展之路，是实现人与自然和谐共生的关键所在。

通过这个案例，我们可以深刻体会到生态文明建设的重要性和紧迫性，以及生态文明教育在推动这一进程中的关键作用。在接下来的学习中，我们将深入探讨生态文明的内涵、特征以及环境与生态文明教育的发展历程，以期更好地理解和实践生态文明理念。

第一节　生态文明概说

生态文明作为全新的文明形态，是继农业文明、工业文明之后，人类社会发展到更高阶段的必然选择。生态文明的核心是尊重自然、顺应自然、保护自然，追求人与自然的和谐共生。它不仅是一种理念，更是一种实践，关乎我们每个人的生存与发展。

工业文明时代，人类过度开发自然资源，造成严重的生态危机：全球气候变暖、生物多样性减少、水资源短缺、环境污染……严峻问题已经敲响警钟，警示我们必须重新审视人与自然的关系。生态文明正是在这样的背景下应运而生，倡导绿色、低碳、循环的发展模式，旨在实现经济、社会与环境的协调发展。

一、生态文明的内涵

生态文明是人类在改造客观世界的过程中，主动保护客观世界，积极改善并优化人与自然的关系，通过建设有序的生态运行机制和良好的生态环境所取得的物质、精神、制度层面成果的总和。生态文明以人与自然、人与人、人与社会和谐共生、良性循环、全面发展、持续繁荣为基本宗旨，强调人的自觉与自律，追求人与生态环境和谐共存，以及人与人之间的和谐关系。

生态文明内涵丰富深刻，涵盖价值观念、生产方式、生活方式和制度保障等多个方面。

（一）价值观念

尊重自然，追求和谐，生态文明，本质上首先是一种价值观念的转变。它要求我们尊重自然的内在价值，将自然视为人类的朋友和伙伴，而非被征服和掠夺的对象。这种观念的转变意味着我们要树立生态意识，增强生态责任感，认识到每一个生命体都有其存在的意义，每一个生态系统的平衡都至关重要。

（二）生产方式

绿色发展，创新驱动，在生产领域，生态文明强调绿色发展和创新驱动。这意味着我们要推动经济向绿色、低碳、循环方向转型，发展生态农业、生态工业和生态服务业。同时，鼓励采用环保技术和清洁能源技术，提高资源利用效率，减少污染物排放。这不仅是为保护环境，更是为实现经济的可持续发展。

（三）生活方式

绿色消费，低碳生活，生态文明也体现在我们的日常生活中。绿色消费、低碳生活是生态文明理念的具体实践路径。作为大学生，我们可以从身边小事做起：减少一次性用品使用，选择公共交通出行，参与垃圾分类，节约水电资源……这些看似微小的行动，实则都在为保护地球环境贡献力量。

（四）制度保障

法治护航，全民参与，生态文明的实现离不开制度保障。国家需建立健全生态保护和环境治理的法律法规，加强对环境违法行为的监管和惩处力度。同时，鼓励全民参与生态文明建设，通过教育、宣传等方式提高公众生态意识和生态文明素养。作为大学生，我们不仅要严格遵守相关法律法规，还要积极参与环保公益活动，为生态文明建设发声助力。

知识链接

生态环境部发布《2024 中国生态环境状况公报》

2025 年 6 月 5 日，生态环境部正式发布《2024 中国生态环境状况公报》。2024 年，全国生态环境质量持续改善，环境安全形势保持稳定。

一、空气质量稳中向好

地级及以上城市细颗粒物（PM2.5）平均浓度达到 29.3 微克 / 立方米，比 2023 年下降 2.7%；空气质量优良天数比例为 87.2%，比 2023 年上升 1.7 个百分点；重污染天数比例为 0.9%，比 2023 年下降 0.7 个百分点。京津冀及周边地区、长三角地区和汾渭平原 PM2.5 平均浓度比 2023 年分别下降 0.9%、0.9% 和 4.8%，优良天数比例分别上升 3.9 个百分点、1.5 个百分点和 2.6 个百分点。全国空气质量达标城市共 222 个，比 2023 年增加 19 个城市。

二、地表水环境质量继续改善

地表水Ⅰ～Ⅲ类水质断面比例为 90.4%，比 2023 年上升 1.0 个百分点；劣Ⅴ类水质断面比例为 0.6%，比 2023 年下降 0.1 个百分点；210 个重要湖库中，水质优良湖库数量占比为 77.1%，比 2023 年上升 2.5 个百分点。重点流域水质进一步改善，长江流域、黄河流域、珠江流域、浙闽片河流、西北诸河和西南诸河水质持续为优，松花江流域水质首次由轻度污染改善为良好。长江干流连续 5 年、黄河干流连续 3 年全线水质稳定保持Ⅱ类。全国地下水水质保持稳定。地下水Ⅰ～Ⅳ类水质点位比例为 77.9%，比 2023 年上升 0.1 个百分点。

三、管辖海域海水水质基本稳定

管辖海域夏季符合一类标准的海域面积占比 97.7%，比 2023 年下降 0.2 个百分点。全国近岸海域海水水质总体保持稳定，优良（一、二类）水质比例为 83.7%；劣四类水质比例为 8.6%，主要分布在辽东湾、长江口—杭州湾和珠江口等近岸海域。283 个海湾单元中，162 个海湾优良水质面积比例超过 85%，其中 125 个海湾优良水质面积比例为 100%。

四、土壤环境风险得到基本管控

土壤重点风险监控点重金属含量整体呈下降趋势，土壤污染加重趋势得到初步遏制。农用地土壤环境状况总体稳定，受污染耕地安全利用率达到 92%。重点建设用地安全利用得到有效保障，优先监管地块实施污染管控率达到 75%。全国农村生活污水治理率达到 45% 以上。

五、自然生态状况总体稳定

生态质量指数（EQI）值为 59.95，生态质量综合评价为“二类”，表明中国生物多样性较丰富、自然生态系统覆盖比例较高、生态结构较完整、功能较完善。全国陆域生态保护红线面积占陆域国土面积比例超过 30%，森林覆盖率超过 25%。

六、声环境质量保持稳定

地级及以上城市声环境功能区昼间、夜间达标率分别为 95.8%、88.2%，比 2023 年分别下降 0.3 个百分点、上升 1.2 个百分点。

七、核与辐射安全态势总体平稳

未发生国际核与辐射事件分级表 1 级及以上的核事件或事故，放射源辐射事故年发生率稳定在每万枚 1 起以下。全国辐射环境质量、重点核设施周围辐射环境水平以及海洋辐射环境状况总体良好。

八、积极应对气候变化

煤炭消费量占能源消费总量比重为 53.2%，比 2023 年下降 1.6 个百分点；天然气、水电、核电、风电、太阳能发电等清洁能源消费量占能源消费总量比重为 28.6%，比 2023 年上升 2.2 个百分点。截至 2024 年底，全国碳排放权交易市场配额累计成交量 6.3 亿吨，累计成交额 430.33 亿元。

九、加强固体废物和新污染物治理

高标准推进“无废城市”建设，“113+8”个城市和地区加快落实“无废城市”建设工作任务和工程项目。深入推进新污染物治理，聚焦长江、黄河等重点流域，全氟化合物、抗生素等重点领域，印染、涂料等重点行业，启动两批 17 省份共计 23 个新污染物治理试点项目。

资料来源：生态环境部 . 生态环境部发布《2024 中国生态环境状况公报》.（2025-06-05）[2025-08-10].https://www.mee.gov.cn/ywgz/sthjjcgl/hjzljcypj/202506/t20250605_1120773.shtml.

二、生态文明的特征

生态文明的特征包括系统性、动态性、可持续性、全民性。这些特征共同构成生态文明的核心，旨在通过科学管理和合理利用资源，实现人与自然和谐共生，促进社会可持续发展。

（一）系统性

生态文明是一个涵盖经济、社会、文化和自然环境的复杂系统，涉及多个领域的协调发展。它不仅关注自然生态系统的健康，也关注人类社会的可持续发展，需要从整体上进行规划和治理。例如，在城市规划中，既要考虑经济发展和城市建设，又要兼顾生态保护和环境质量提升，实现经济、社会与生态的良性互动。

（二）动态性

生态文明是动态发展过程，随着科学技术进步、社会经济发展以及人们对生态环境认识深化而不断演进。它要求人类在实践中不断探索创新，适应不断变化的环境需求。例如，随着新能源技术的发展，人类能源利用方式逐渐从传统化石能源向清洁能源转型，体现出生态文明建设在技术层面的动态性。

（三）可持续性

生态文明的核心目标是实现可持续发展，即在满足当代人需求时，不损害后代人满足自身需求的能力。它强调资源合理利用和环境保护，确保人类社会长期繁荣。可持续性体现于经济、社会和环境三个维度的协调发展，如通过发展循环经济，实现资源高效利用和废弃物最小化排放，保障经济可持续增长。

（四）全民性

生态文明建设需要全社会共同参与，包括政府、企业、社会组织和个人。每个人都是生态文明的建设者和受益者，需要树立生态意识，积极参与生态保护行动。例如，公众可以通过绿色出行、垃圾分类等方式，为生态文明建设贡献力量。

知识链接

浙江生态文明建设——绘就美丽中国“之江画卷”

从东海之滨到钱塘江畔，从杭嘉湖平原到浙西南山区，之江大地绿意盎然，展现勃勃生机。

2005 年 8 月 15 日，习近平总书记在浙江工作期间考察湖州市安吉县，首次提出“绿水青山就是金山银山”的科学论断。这一论断是习近平生态文明思想的核心理念。

我国将 8 月 15 日设为全国生态日。在“绿水青山就是金山银山”理念指引下，浙江久久为功扎实推动生态建设，绘就美丽中国“之江画卷”。

绿色成为发展最动人的色彩

杭州城西北，11.5 平方公里的西溪湿地被誉为“天堂之肾”，为涵养水源、调节气候发挥着重要作用。

连续 10 多年监测显示，西溪湿地现有维管束植物 1 040 种、昆虫 911 种、鸟类 203 种，其中包括青头潜鸭、白尾海雕等国家一级保护动物，生物多样性保护成效显著。

20 世纪 90 年代，湿地生态因城市化而遭受严重破坏。“2003 年启动综合保护工程后，西溪湿地开始脱胎换骨。”杭州西溪国家湿地公园管理局湿地保护科科长说。

2003 年 7 月，浙江省委提出实施的“八八战略”中提到，进一步发挥浙江生态优势，创建生态省，打造“绿色浙江”。

在“绿水青山就是金山银山”理念指引下，浙江生态建设久久为功，绿色成为发展最动人的色彩。

——省域控断面优良水质比例达到97.6%，近岸海域水质优良率不断创造历史最好水平；空气质量在全国重点区域达标，省域森林覆盖率达到61.15%。

——成为“无废城市”数字化改革试点省；生态环境公众满意度连续11年提升，环境信访总量连年下降。

——人均和单位面积经济生态系统生产总值、绿色发展综合得分、城乡均衡发展水平等均居全国前列。

山更青、水更绿、天更蓝、地更净，2019年，浙江省通过国家生态省验收，逐步探索出一条经济转型升级、资源高效利用、环境持续改善、城乡均衡和谐的绿色高质量发展之路。

从炮声隆隆、粉尘漫天，到山清水秀、竹海连绵，“生态饭”越吃越香的浙江省湖州市安吉县余村村，正在发力迈向“高能级、现代化、国际范”。

“从靠山吃山到富山养山，绿水青山是我们的幸福靠山。”余村村党支部书记介绍，2022年村里启动“全球合伙人”计划引进人才和资本，并联动周边17个行政村建设“余村大景区”，全面推进乡村振兴。

以制度保障省域生态环境建设

浙江绍兴市柯桥区柯海公路上，满载布料的来往货车川流不息：由南向北，运进“蓝印时尚小镇”的白色坯布；运出的，则是五颜六色的纺织面料，分散到产业链下游。

高度集聚、绿色发展的柯桥印染产业，为长三角地区乃至全国纺织业提供支撑。这个曾对环境造成一定影响的传统产业，呈现出崭新面貌。

（新华社记者徐昱　摄）

绍兴布婷纺织品有限公司总经理钱水江回忆说，以前从印染车间出来，鞋子脏得没法穿，现在的印染车间可以穿白色鞋子进出。

在浙江省金华市浦江县浦阳江同乐段，工作人员乘船打捞水面漂浮物。

以“八八战略”为总纲，浙江将生态环境保护、生态文明建设融入经济社会发展的方方面面，逐步形成生态保护制度体系。

2003 年以来，从打造“绿色浙江”、启动“千万工程”，到部署加快建设生态浙江、实施“五水共治”，再到建设美丽浙江、“生态文明先行示范省”，浙江历届省委、省政府一张蓝图绘到底，接续谋划加强生态建设。

2005 年出台全省域覆盖的生态补偿制度，目前全省有 54 个市县签订跨流域横向生态补偿协议；对以生态功能为主的 2 个市和山区 26 县取消 GDP 考核；建立五级河湖长制、四级生态环境报告制度，发布省级“GEP 核算标准”……

以数字化改革撬动生态环境治理战略重构、系统重塑，构建生态环境数字化改革体系，打造形成“生态环境在线”综合集成等一批场景应用。

在生态文明建设进程中，浙江通过科技赋能、监测助力、法治保障等方式，深入推进生态环境治理体系和治理能力现代化，为省域生态环境保护和生态文明建设保驾护航。

2022 年 4 月，在浙江省首笔湿地碳汇交易签约现场，德清县两山合作社以每吨 58.83 元的价格购买了下渚湖湿地 1 万吨碳汇量，一些急需碳排放指标的企业又成了这些碳汇量的新买主。

“把这些优质环境‘变现’，又可以反哺湿地的生态建设。”德清县两山合作社负责人介绍，若将碳汇资金用于湿地生态修复等工作，到 2025 年，下渚湖湿地碳汇量预估可达到 3.4 万吨。

生态文明在发展实践中深入人心

每到节假日，台州市天台县后岸村村口的停车场停满了大小客车，各地游客穿梭于绿水青山与整洁村居间，流连忘返。

“要给游客留下好印象。”平日在村里闲逛时，村民陈齐根习惯带个小袋子，以便捡起看到的垃圾。

后岸村党支部书记提及，从开采石矿到发展美丽经济，绿色转型实践让村民保护环境成为自觉。2022 年，后岸村集体经济收入、农民人均收入分别达到 530 万元、5.5 万元。

田园变公园、村庄变景区、农房变客房、村民变股东、资源变资产，浙江正在打开“绿水青山就是金山银山”的生态价值转化通道。

俯瞰湖州市安吉县余村村
（新华社记者翁忻旸　摄）

截至2022年底，浙江按行政村统计的农村生活垃圾分类处理覆盖率达到100%。垃圾分类逐渐从“政府推着走”转向“村民主动干”，表明生态文明理念已在浙江深入人心。

在“八八战略”指引下，浙江省20年来扎实推进生态文明建设，人们在“浙”里看见美丽中国。

流经永康市江南街道山后卢村的白云坑溪，蜿蜒流淌，两岸草木葱郁，很难想象这里曾雨天泥沙俱下、久晴溪水断流。

污水、垃圾、厕所、环境与河道五项同步治理，山后卢村在保持流域自然风貌的前提下，修建生态护岸、堰坝、亲水平台、污水处理站和配套管网，村庄面貌焕然一新。

“现在溪水很清澈，一年四季不断流。”村民张桂萍说，经历溪流环境前后变化，村民用水、护水更用心。

生态兴则文明兴，生态衰则文明衰。

高质量发展建设共同富裕示范区新征程上，逐绿而行的浙江正在协同推进生态环境高水平保护、经济高质量发展和人民高品质生活提升，持续建好绿水青山，做大金山银山。

资料来源：新华社．新华社播发长篇报道点赞浙江生态文明建设：绘就美丽中国“之江画卷”．(2023-08-11)［2025-04-18］．http：//www.zjsjw.gov.cn/tou tiao/ 202308/t20230811_20433813.shtml.

三、生态文明的内容

生态文明的内容和表现形式多种多样，在如今全球生态环境遭受严重破坏的背景下，生态环境保护工作势在必行。我国提出了生态文明建设和人类命运共同体理念，旨在发展经济的同时保护环境。全球各国都已认识到环境问题的严峻性，环境治理和修复刻不容缓。“全社会确立起追求人与自然和谐相处的生态价值观”，建设生态文明，不仅要靠国家重视和政府提倡，更要在社会层面转变公民思想观念，弘扬生态文明。生态文明的内容可以从以下几方面理解。

（一）价值观念

学会尊重自然，认可自然的内在价值，尊重自然的生存和发展权利，将自然视为人类的朋友和伙伴，而非可被征服和掠夺的对象。

懂得顺应自然，遵循自然规律，按照自然运行机制安排人类生产、生活和生态活动，避免盲目干预、破坏自然生态系统。

时刻保护自然，树立生态意识，增强生态责任感，积极采取措施保护自然环境，维护生态平衡，防止生态系统退化和破坏。

始终追求人与自然和谐共生，推动人类社会与自然生态系统协调发展，实现人类福祉与生态健康高度统一，使人类在享受自然馈赠时，也为自然持续繁荣做出贡献。

（二）生产方式

生态文明的生产方式是实现可持续发展的关键，主要通过绿色发展、技术创新、产业升级、建立资源节约型和环境友好型社会来建设。

绿色发展：旨在推动经济向绿色、低碳、循环转型，发展生态农业、生态工业和生态服务业，减少对自然资源的过度消耗和对环境的污染。技术创新：鼓励采用环保技术和清洁能源技术，提高资源利用效率，降低污染物排放，实现经济发展与环境保护良性互动。产业升级：淘汰高污染、高能耗落后产业，培育发展新兴产业，优化产业结构，提升经济发展质量和效益。建立资源节约型和环境友好型社会：倡导节约资源、保护环境的生产方式和生活方式，形成全社会共同参与的绿色发展格局。

（三）生活方式

生态文明的生活方式，通过绿色消费、绿色出行、生态居住、生态文化传承等方面，为实现生态文明提供重要保障。

绿色消费：倡导绿色消费理念，鼓励消费者购买环保产品，减少一次性用品使用，避免过度包装和浪费，塑造节约型、环保型消费模式。绿色出行：鼓励人们选择公共交通、自行车或步行等绿色出行方式，减少机动车尾气排放，缓解交通拥堵，降低能源消耗。生态居住：推广绿色建筑，建设生态社区，提高住宅节能、节水、节材水平，改善人居环境，提升居民生活质量和幸福感。生态文化传承：弘扬生态文化，传承和创新传统生态智慧，通过教育、宣传等方式，提高公众生态意识和生态文明素养，营造全社会崇尚生态文明的良好氛围。

（四）制度保障

生态文明的制度保障，是实现生态文明建设目标的重要支撑，具体包括法律法规体系、生态补偿机制、环境监测与评估体系、公众参与机制等内容。

法律法规体系：建立健全生态保护和环境治理的法律法规，加强对环境违法行为的监管和惩治力度，确保生态文明建设有法可依、执法必严。生态补偿机制：建立生态补偿制度，对因生态保护遭受经济损失的地区或个人给予合理补偿，促进区域协调发展，调动全社会参与生态保护的积极性。环境监测与评估体系：完善环境监测网络，加强生态环境质量动态监测和评估，及时掌握生态环境变化趋势，为生态文明建设提供科学依据。公众参与机制：建立健全公众参与生态文明建设的渠道和平台，鼓励公众参与环境决策、环境监督和生态保护行动，打造全社会共同参与、共同监督、共同治理的良好局面。

知识链接

人工智能赋能生态文明建设

在海拔 1 500 多米的泰山景区登山步道，一款银白色机械狗化身特殊“挑山工”，负责清运垃圾等工作；在黄山，无人机除运输物资外，还能监测松林健康，助力林业有害生物防控和森林防火。随着人工智能技术引入，山川环境治理正经历革命性变革。

在数字化与绿色化融合进程中，生态文明建设的科学化、精细化、智能化水平不断提升。创新的人工智能技术应用，正逐步在山岳型景区环境治理与物资运输中发挥举足轻重的作用，为保护自然环境和提升旅游体验贡献更多智慧和力量。

在名山大川之间，垃圾清运一直是一项艰巨的任务。人工智能技术的应用，为解决这一问题提供了新的思路。除了垃圾清运外，人工智能技术在山川环境治理中另一个重要应用是环境监测与保护。传统依赖人力的环境监测保护方式，正在被人工智能、卫星遥感等前沿技术取代。在长江芜湖段与巢湖，遥感卫星、无人机、高清摄像头及人工智能算法等智慧化技术应用，不仅有效提升水域管理与生态保护效率，还为打击非法捕鱼、采砂、监测蓝藻污染等提供有力技术支撑。人工智能技术使山川环境治理工作更加精细、高效。通过这些技术的综合应用，我国水域治理正迈向智能化、精准化新阶段。

也要看到，尽管人工智能为名山大川的环境治理带来新的思路和解决方案，但其应用仍处于探索阶段。以机器狗在泰山景区的应用为例，虽然已适应大部分路况，但在坡度特别大的路段仍需进一步提升环境适应能力。这提示我们，人工智能技术的应用并非一蹴而就，而是需要不断更新迭代，确保人工智能在山川治理中发挥更加稳定有效的作用。

在推动技术应用的同时，我们更需要关注其可能带来的风险和挑战，如数据安全和隐私保护、技术应用的局限性和适应性、技术创新与应用转化等问题。只有充分考虑和解决这些问题，才能更好地发挥人工智能在山川治理中的作用，确保技术进步真正服务于环境保护与可持续发展的实际需求。

从泰山到黄山，从长江芜湖段到巢湖，人工智能正凭借其强大的实时监测与高效处理能力，逐步成为山川环境治理中不可或缺的新工具。随着人工智能技术的持续发展与广泛应用，未来的山川环境治理将会更加高效、智能，为守护绿水青山、促进生态平衡作出更大贡献。

资料来源：孟哲 . 人工智能赋能生态文明建设 .（2024-11-26）[2025-04-18] . http：//opinion.people.com.cn/n1/2024/1126/c431649-40369450.html.

课堂互动

保护生态环境，我们该怎么做?

方案一：精细垃圾分类

推行垃圾分类制度，是迈向生态文明的一大步。这一举措不仅能有效减轻环卫工人的负担，更是资源高效回收与再利用的关键。我们可通过细致分类，促进废物转化利用，降低环境污染，同时节约宝贵自然资源，展现人与自然和谐共生的智慧。

方案二：珍惜每一滴水

水，生命之源，对生物多样性与人类存续至关重要。我们应养成随手关闭水龙头的好习惯，确保每一滴水都被珍视。节约用水，不仅是对自然资源的尊重，更是环境保护不可或缺的一环，它教会我们珍惜与自然界的每一次互动。

方案三：增强环保意识

森林，地球之肺，维系着全球生态平衡。减少一次性用品（如餐具、纸杯等）的使用，是对森林最直接的保护。每个人的微小改变，汇聚成保护地球的强大力量，让我们共同承担起这份责任，为后代留下郁郁葱葱的绿色家园。

方案四：倡导循环利用

生活中，许多物品都能焕发新生。旧纸张二次利用、淘米水滋养花卉……这些看似微不足道的举动，实则蕴含循环利用的智慧，减少了资源浪费，促进了生态循环。让我们在日常生活中践行这一理念，让每一件物品都发挥最大价值。

方案五：践行绿色出行

选择地铁、公交、骑行或步行等低碳出行方式，不仅是对环境的温柔以待，也是对自身健康的投资。绿色出行减少了碳排放，减轻了城市污染，同时节省个人开支，是既环保又经济的智慧选择。让我们携手行动，以脚步丈量城市，以车轮转动绿色未来。

针对生态环境的保护，你还有哪些建议？

绿色行动

上汽集团：引领绿色科技，逐梦精彩出行

上汽集团大力推动新能源汽车事业，推动零碳工厂建设、车辆全生命周期降碳；同时，持续跟踪气候变化相关政策和运营风险，提倡绿色低碳文化，争做绿色发展领跑者、生态文明先行者。2022 年，上汽集团实现新能源汽车销售 107.3 万辆，同比增长 46.5%；全年新能源产品销量占到总销量的 20.2%。

加快发展新能源汽车和清洁环保技术

上汽集团坚持“纯电、混动、燃料电池”三条技术路线全面推进，并对新一代锂电池、固态电池、IGBT（绝缘栅双极晶体管）和碳化硅电驱动模块等关键技术实现前瞻布局，燃料电池系统技术性能已可比肩全球领先水平，相关技术均已率先实现产品化落地。

加快推进低碳生产模式

2022 年，上汽集团成立双碳工作小组，积极推动产品全生命周期减碳工作，并在所属企业试点汽车产品生产者责任延伸制度，积极发挥整车厂牵引作用，打造零碳汽车产业园区，带动产业链上下游加快绿色转型，为企业可持续健康发展厚植能量。

倡导绿色移动出行

上汽集团助力“随申行”平台打造上海首个优先为用户推荐绿色出行方式的 App。借助“随申行”的智能行程规划功能，用户不仅能根据实际需求和偏好生成最优出行方案，还可以通过公共出行方式获得绿色积分。用户既可以将绿色积分兑换成真实权益，也可以参与线上公益性质的趣味养成游戏，后续还将推出“植树冠名”等公益活动。

发展循环经济

上汽集团基于电池的生命周期管理，探索全新“车电分离商业模式”，将以动力电池租赁业务为核心，开展换电技术研发推广、电池运营管理、大数据服务等，构建车电分离完整生态，打造标准化平台，为新能源汽车用户带来优质安全的出行体验。

未来，上汽集团将立足新发展阶段，坚定不移贯彻新发展理念、服务新发展格局，围绕国家“双碳”战略目标，努力实现高质量发展要求，用领先的绿色科技，让用户体验更加精彩的出行；同时，将加快向技术升级化、业务全球化、品牌高档化、体验极致化的用户型高科技公司转型，全力打造一个“用户为本、伙伴共进、创新致远”的新上汽。

资料来源：上汽集团：引领绿色科技，逐梦精彩出行.（2023-11-27）[2025-04-18].https：//www.gzw.sh.gov.cn/shgzw_zxzx_gqdt/20231127/ac8fb6f15f3c4a068a094376356df510.html.

第二节 生态文明教育的发展历程

我国著名教育学家陶行知先生认为“行是知之始，知是行之成”，主张通过行为教育实现真正的育人目标。开展环境教育，不仅需要“知”，更需要“行”，在个人积累理论知识和生活经验的过程中，将所学所悟转化为生态保护实践行动，以行促知，以知践行。

生态文明建设是关系中华民族永续发展的根本大计，生态文明教育在生态文明建设中发挥着基础性作用。迄今，我国的生态文明教育不仅在国内彰显了强劲的实践生命力，而且享有较高的国际声誉。生态教育（Ecological Education）是人类为了实现可持续发展和创建生态文明社会的需要，而将生态学思想、理念、原理、原则与方法融入现代全民性教育的文明化过程。它旨在充分发挥教育在应对生态危机中的作用，为人类的生存与合理发展寻找道路。正如日本学者池田大作所说："要消除对人类生存的威胁，只有通过每一个人的内心的革命性变革。"只有科学地对待自然界成为人类的内在需要，人类对自然的保护才能真正实施。所以，生态教育是人们对生态危机反思的产物，它既是教育发展的必然选择，也是低碳经济、和谐社会发展的必然要求，是一种符合时代潮流的新的教育理念。

一、中国环境与生态文明教育实践的历史探索

新中国成立至今，我国环境与生态文明教育已由最初的无意识、碎片化教育形式，走向有意识、系统化、网络化与专门化的教育形态，并从跟随国际趋势逐渐发展出本土自觉，走出了一条环境与生态文明教育的中国之路。

（一）为了环境保护的教育：环境与生态文明教育的初步探索（1949—1992 年）

中华人民共和国成立之初，部分国人环保意识薄弱，环境破坏问题严重，中国共产党和国家领导人对此高度重视，以环境保护为宗旨，推动了环境教育的初步发展，主要表现为三个方面。

1. 党和国家领导人的高度重视孕育了环境教育的萌芽

中华人民共和国成立之初，我国受战争影响，生态环境破坏严重，森林覆盖率仅 8.6%①。毛泽东十分关注绿化问题，他在多个场合发出保护森林、增加绿化的号召，并通过强调绿化思想与敦促绿化实践，濡染着干部与群众最初的环境保护意识。"大跃进"时期，因全民大炼钢铁，环境污染日趋严重，引起党和政府的高度重视，国家将解决环境问题的突破口放在领导干部与专业技术人员环境素养的提升上。当时的举措既是我国环境教育的思想萌芽，也为日后开展环保专业教育与干部培训奠定了重要基础。

2. 第一次全国环境保护会议的召开推动了环境教育的起步

1972 年 6 月，联合国人类环境会议在瑞典召开，我国积极响应，派出代表团

---

① 杜艳玲．森林覆盖率从 8.6% 到 18.21%：共和国的森林在成长．(2009-09-24)［2025-04-18］. https：//www.gov.cn/wszb/zhibo354/content_1465687.htm.

参会。会上，中国代表第一次接触到了环境问题的全球眼光，也意识到了中国环境问题的广度和深度。在此次会议的直接推动下，我国于1973年8月召开第一次全国环境保护会议。本次会议讨论通过的《关于保护和改善环境的若干规定（试行草案）》，是我国环保工作起步时期的重要纲领。

3. 机构的设立与法律的颁布使环境教育获得组织领导与地位保障

为加强对环境教育工作的全面领导，保证环境教育工作平稳有序推进，我国开启环境教育的组织与立法保障进程。在第一次全国环境保护会议召开次年，我国成立国务院环境保护领导小组，后该机构逐步发展为国家环境保护局（现生态环境部）。国家环境保护局专设宣传教育司，负责组织、指导和协调全国环境保护宣传教育工作，自此，国家有了专门的环境教育组织机构。为从立法层面保障环境教育，我国于1989年通过《中华人民共和国环境保护法》，指明“国家鼓励环境保护科学教育事业的发展”，让环境教育的实施有了坚实的法律保障。

（二）为了可持续发展的教育：环境与生态文明教育向纵深迈进（1992—2012年）

1992年联合国环境与发展大会在国际社会确立“可持续发展”理念，并强调开展可持续发展教育。据此，中国开始由“为了环境保护的教育”转向“为了可持续发展的教育”。

1. 环境教育的指导理念由环境保护转向可持续发展

1992年6月，联合国环境与发展大会在巴西召开，中国政府高度重视，派出阵容强大的代表团参会。本次会议把环境问题与经济、社会发展相结合，树立环境与发展相互协调的观念，找到在发展中解决环境问题的正确道路——“可持续发展战略”。受此推动，我国相继发布《我国环境与发展十大对策》《中国21世纪议程——中国21世纪人口、环境与发展白皮书》，并出台我国第一份环境教育专门文件《全国环境宣传教育行动纲要（1996—2010年）》。2003年，中国共产党十六届三中全会提出科学发展观，可持续发展成为党的指导方针与行动遵循。在此背景下，我国环境教育的指导思想开始由单纯的环境保护转向环境与发展相协调的可持续发展理念，这一新理念经各类主体践行，最终转化为可持续发展教育的新实践。

2. 深化各级各类可持续发展教育实践

首先，环境专业教育的教材编写受到前所未有的重视，环境师范教育也起步发展。1993 年，北京师范大学招收第一届环境教育硕士研究生，同时，环境专业设置持续加强。其次，中小学可持续发展教育持续深化。1992 年，国家教育委员会颁布义务教育阶段各学科教学大纲（试用），把环境教育的目的、要求、原则和内容渗透到各学科之中，还将人口教育、发展教育与环境教育紧密结合。1993 年秋，按照新大纲重新编写的各科教材于全国范围分别在小学一年级与初中一年级开始推广。可持续发展教育内容也渐次融入中小学课外活动与选修课程。再次，可持续发展社会教育极大丰富，以“中华环保世纪行”“绿色奥运”行动计划为代表的主题宣传活动和以“绿色学校”为代表的绿色创建活动，成为这一时期的主要特色。最后，环境保护干部培训在新理念指引下，完成向可持续发展干部培训的过渡。

3. 形成民间与官方互补、线上与线下融通的可持续发展立体化宣教平台

可持续发展议程落实有赖于广大公众的价值认同与准则践行。民间有识之士积极响应号召，带头组建环保民间组织，一时间，各类民间环保组织如雨后春笋，在全国迅猛发展。1978 年，中国科学技术协会批准成立第一家从事环境保护事业的全国性科技社团——中国环境科学学会。1991 年，我国诞生第一家纯粹民间环保组织——盘锦市黑嘴鸥保护协会。1992 年后，我国环保民间组织进一步发展。同时，有关机构充分利用互联网优势，打造线上可持续发展宣教平台，如原江苏省环保厅创办的“江苏环保”网（1998 年），催生绿色北京环保组织的“绿色北京”网站（1998 年），以及作为《中国环境报》官方运营平台的中国环境网（1999 年）等。这些民间组织与在线平台，为我国传播可持续发展信息、汇聚环保志愿者，提供重要便利。

4. 可持续发展教育对外开放力度增强，走向广泛国际合作

环境问题具有天然的全球化维度。为使可持续发展教育效果最大化，各国必须携手共建可持续发展教育全球协作网络。基于此，我国积极参与可持续发展教育大型国际项目，主动邀请著名国际机构予以支持，开展联合行动。例如，我国先后参与“GLOBE”计划（1995 年）、环境人口与可持续发展教育项目（EPD）（1998 年）、国际生态学校项目（2009 年）等全球项目，与国际著名机构联合发起“中国中小学绿色教育行动”（1997 年），并成立联合国环境规划署 – 同济大学环境与可持续发展学院（2002 年）。实践证明，这些国际合作对培养学生环境保护与可持续发展价值观念、转变教师教育理念，作用显著。

（三）为了生态文明的教育：生态文明教育的正式确立与质性提升（2012 年至今）

党的十八大以来，我国在生态文明新理念引领下，开启生态文明建设之旅，这也从战略上推动我国环境与可持续发展教育向“为了生态文明的教育”迈进。

1. 可持续发展教育在习近平生态文明思想指引下升华为生态文明教育

2012 年，党的十八大报告提出“加强生态文明宣传教育”。这是首次在国家重要文件中对生态文明教育作出明确要求。2015 年，《中共中央 国务院关于加快推进生态文明建设的意见》进一步指出：“把生态文明教育作为素质教育的重要内容，纳入国民教育体系和干部教育培训体系。”这标志着生态文明教育的正式确立。2017 年，《国家教育事业发展“十三五”规划》《中小学德育工作指南》相继发布，生态文明教育被作为一项重要内容。2018 年 5 月 18—19 日，习近平总书记在全国生态环境保护大会上强调，要加快构建生态文明体系，形成节约资源和保护环境的空间格局、产业结构、生产方式、生活方式，还自然以宁静、和谐、美丽。这一重要讲话为新时期生态文明教育的发展提供了根本遵循。2021 年《“美丽中国，我是行动者”提升公民生态文明意识行动计划（2021—2025 年）》发布，从学校与社会两个维度，对全民生态文明教育作出时间安排与系统部署。在习近平生态文明思想指引下，中国环境与可持续发展教育开始彻底转向生态文明教育，获得实质性提升。

2. 扎实推进高校生态文明教育

新时代高校从课程、人才培养、科研、合作等方面全力推进生态文明教育。课程实施方面，主要通过开设生态文明通识课、强化专业课教学、在思想政治教育等课程中融入生态文明内容以及录制网络公开课等途径，培育在校学生乃至全体公民的生态素养。在人才培养方面，不少高校积极争取地方政府的合作与帮助。如四川高校在省教育厅支持下设立多个“卓越农林人才培养项目”，并开展和生态环境、环保相关的“卓越工程师人才培养项目”，部分高校开始探索培养具备跨学科素养的生态文明建设复合型人才。研究机构建设方面，既有高校与地方政府共建的生态文明研究机构，也有高校自主设立的专门研究中心（如北京林业大学生态文明研究中心）。专业合作方面，2018 年 5 月成立的“中国高校生态文明教育联盟”颇具影响力，联盟高校将联合开展生态文明教育教材编写、课程开发、学理研究、网站建设、平台搭建等工作。

3. 全面推广学前与中小学生态文明教育

目前，我国学前与中小学生态文明教育已构建起国家引领、地方主导与学校自主相结合的多元推进格局。国家层面主要通过大型活动与项目推动生态文明教育开展。例如，2014 年，多部委联合启动“童眼观生态”活动。地方层面则形成生态文明教育的多种实施模式。其中，动员高校结合地方自然资源推进（如“七彩云南 美丽校园”活动）、建立区域学校联盟、地方政府统筹部署地方教材编写与课程实施（如宜昌市“生态小公民”教育），为三种具代表性的路径。学校层面，不仅注重生态文明教育在学科教学中的渗透之外，还积极寻求生态文明教育与综合实践活动、探究性学习、研学旅行等新型学习方式的融合，旨在增强学生的自然体验和实践参与度。

4. 继续深化生态文明宣传教育

国家、地方与民间协同构成了多层多维的宣教网络。国家层面以生态环境部为主阵地，定期发布重要通知，组织或联合相关组织开展生态文明宣教活动。例如，2018 年 6 月，生态环境部等五部门发起为期三年的“美丽中国，我是行动者”主题实践活动，并发布《公民生态环境行为规范（试行）》，从活动引导与规范约束两个层面，助力公民生态文明意识与行为习惯养成。地方政府也在生态文明教育的政策布局、宣教活动、绩效评估等方面积极探索。比如，江西省 2015 年发布《江西省生态文明宣传教育工作绩效评估实施方案》。

5. 拓展生态文明教育实践场域

为充分发挥我国丰富的自然景观与场馆的生态文明教育潜能，早在 2009 年，我国就启动生态文明教育基地的申报与创建工作，以此为契机，各类生态文明教育基地纷纷涌现。2013 年发布的《全国中小学环境教育社会实践基地申报与管理办法（试行）》指出，环境保护部和教育部从 2012 年起，每两年从各省级环境教育基地中遴选一批全国中小学环境教育社会实践基地。同时，国家也注重从其他领域间接为生态文明教育开拓平台。2017 年《建立国家公园体制总体方案》明确，国家公园承载着教育功能，开展自然环境教育、激发自然保护意识，是国家公园的重要理念之一。

6. 加强生态文明教育法治建设

党的十八大以来，多地加强生态文明教育立法与政策出台。《南京市环境教育促进办法》《衡水市生态环境教育促进条例》《天津市关于进一步加强生态文明教育的实施意见》《海南省教育厅关于大力推行生态文明教育的实施意见》《江苏省生态文明教育促进办法》等地方性法规与政策相继颁行，依法依规推动生态文明教育发展，完善环境与生态文明教育国家立法。2014 年修订的《中华人民共和国环境保护法》，将“鼓励”变为“应当”，标志着环境保护教育成为法律义务，明确环境保护教育的责任主体为各级人民政府、教育行政部门、学校、新闻媒体，并鼓励基层群众性自治组织、社会组织与环境保护志愿者积极参与环境宣传教育。此外，2018 年，“生态文明”与“生态文明建设”被写入《中华人民共和国宪法》，为生态文明教育的深入开展提供重要法律依据。

二、中国环境与生态文明教育的特色

我国环境与生态文明教育发展历程彰显出鲜明的中国特色。总结提炼这些特色，有助于深化对中国生态文明教育实践的认识。

（一）以环境保护为中心，环境与生态文明教育认识不断深化

环境保护，是贯穿我国环境与生态文明教育的核心主线。1949—1992 年，我国以“为了环境保护的教育”为基本遵循，开展以防治环境污染、增进环保意识、普及环保知识为目标的教育工作。1992 年起，受国际社会影响，我国更新观念，将“为了环境保护的教育”拓展为“为了可持续发展的教育”。从此，环境保护不仅未被弱化，地位反而进一步凸显，且已成为与人口、发展紧密关联的综合概念，意味着当以整体关联视角看待环境与发展、人与自然的关系，这是我国认识历程的重大进步。随着生态文明建设上升为国家战略，“为了生态文明的教育”应运而生。

生态文明以人与自然和谐共生为核心，彰显“尊重自然、顺应自然、保护自然”理念。在此理念指引的生态文明教育中，环境保护地位进一步巩固，且突破“保护环境为我”“保护环境为后代”的人类中心主义思维，转向“保护环境是对一切生命的生存福祉负责”的生命共同体视角，这一认识应成为引领新时代生态文明教育实践变革的重要依据。

（二）以自主创新为主体，国内国际协同互促

我国在环境与生态文明教育方面，一直将中国国情与国际视野相结合，坚持自主创新，既借鉴国际经验，又注重以自身影响世界。新中国成立初期，部分国民环

境意识薄弱，环境教育的主要任务是转变认知、唤起意识，同时培养具备决策和管理能力的环保专业人才。随着联合国环境与发展大会召开，我国结合国际呼声和国家长远规划，决心实施可持续发展战略，推动环境教育向可持续发展教育转变。党的十八大以来，我国坚定走生态文明建设与绿色发展之路，生态文明建设要求教育维护整个生态系统健康与可持续发展，培养全民生态文明意识成为核心使命，在此背景下，统摄环境与可持续发展教育的生态文明教育提上日程。与国际盛行的可持续发展教育相比，生态文明教育具有鲜明中国特色，是我国生态文明建设新时代的教育创举。如今，生态文明已成为国际话语，《生物多样性公约》第十五次缔约方大会史无前例地以“生态文明：共建地球生命共同体”为主题，昭示着中国自主创设的生态文明教育新形态，将在国际舞台引发新反响。

知识链接

1. 生物多样性

生物多样性指多种不同动植物群落的类型、数量及它们之间的关系。森林是陆地上生物多样性最丰富、物种构成最多样的生态系统，是动植物和微生物构成的自然综合体，所以保护森林就是直接和间接保护生物多样性。

2. 生态环境

生态环境，指影响人类生存与发展的水资源、土地资源、生物资源以及气候资源的数量与质量状况的总称，也可简称为环境。

3. 生态环境建设

生态环境建设，是运用生态系统原理，根据不同层次、水平、规模的生态建设任务，模拟设计最优人工生态系统，按模型开展生产，以取得预期最佳生态效益和经济效益。

4. 林业生态环境建设

林业生态环境建设，指从国土整治全局和国家可持续发展需求出发，以维持和再造良性生态环境，维护生物多样性和具代表性自然景观为目标，在单个或跨地域范围内，推进防护林体系、自然保护区和野生动植物保护等关键项目建设，同时管护好现有森林资源。

（三）教育与宣传同步开展、相互促进

中国环境与生态文明教育初期，便形成教育与宣传两条主线，二者“既相对独

立，又相互联系”，共同保障环境与生态文明教育事业落地。随着生态文明教育成为面向全民的广泛行动，学校教育与社会宣传的边界越发模糊，融合趋势日渐明显。就学校教育而言，诸多举措向中小学、公众延伸。中小学生态文明教育活动，更多地融入家长与社区参与，覆盖范围持续拓展。如多地学校推行“小手拉大手”模式，带动家庭、社区联动，产生良好社会效应。从社会宣传看，几乎每一项宣教活动，都面向包括学校教育系统在内的全体公民。当下，教育与宣传两条主线逐步“并轨”，二者深度融合有助于形成全社会参与的联动机制，推动实现生态人才培养与生态公民塑造的双重目标。

知识链接

遭遇森林、草原火灾如何自救?

遭遇森林、草原火灾时，一定要保持清醒头脑。一是及时报警，让外界知道你的位置和处境，争取救援或指导自救；二是积极自救，快速转移避险。

千万不要随意选择方向盲目乱逃，否则容易被浓烟烈火所困。

要正确判断风向，切不可与火赛跑，一旦顺风而逃，极易被大火追上并围堵。

不能往山顶方向逃生，随着烟气上升，山火向山顶方向扩展会较快。

要用沾湿的毛巾或衣服，捂住口鼻，包住头，并沿着逆风方向，向下或横跑，选择植被稀疏的路线逃生。

当被大火围困时，应选择植被稀疏的空旷地方，俯卧避险，脚朝火冲来的方向，扒开浮土把脸贴近湿土，双手压在胸前。如有水沟、水塘、河流，可跳入水中避险。

森林火警专用报警电话是多少?发现森林、草原火灾如何报警?

全国统一的森林火警专用报警电话：12119。

发现森林、草原火灾后及时报警，是每个公民应尽的责任。发现森林、草原火情，应立即拨打“12119”报警。报警时要注意：清晰报告火情发生地所在县（市）、乡、村及具体地名、山名；准确讲明火势大小或危害程度；如实提供报警人的姓名、身份、联系方式等信息。

（四）政府主导，自上而下与自下而上相结合

我国环境与生态文明教育事业自起步之初就受到党和国家的高度重视，随着地方和群众环境与生态文明意识的觉醒，逐渐形成中央与地方、机构与个体协同推进生态文明教育的良好局面。在此格局中，中央政府是第一推动力。中华人民共和国成立以来，党和国家领导人始终高度重视环境与生态文明教育。1973 年起，中央政府相继出台多份指导性政策文件，为国家开展环境与生态文明教育筑牢政治保障。地方政府同样是有力推动者。地方行政机关在国家政策指引下，通过制定地方性环境与生态文明教育政策法规与实施细则，牵头组织各类教育实践活动，推动本地区相关教育有序开展，如江苏省、云南省、山东省、成都市与宜昌市等，均进行了富有价值的先行探索。学校、个体与民间组织是环境与生态文明教育的自主实施者，新闻媒体、基地、企业等在协同推进过程中，也贡献了重要力量。

知识链接

1. 森林火灾刑事案件立案标准是什么？

《国家林业局、公安部关于森林和陆生野生动物刑事案件管辖及立案标准》对森林火灾案件立案标准规定如下：

凡故意放火造成森林或者其他林木火灾的都应当立案；过火有林地面积 2 公顷以上为重大案件；过火有林地面积 10 公顷以上，或者致人重伤、死亡的，为特别重大案件。

失火造成森林火灾，过火有林地面积 2 公顷以上，或者致人重伤、死亡的应当立案；过火有林地面积为 10 公顷以上，或者致人死亡、重伤 5 人以上的为重大案件；过火有林地面积为 50 公顷以上，或者死亡 2 人以上的，为特别重大案件。

2. 放火罪和失火罪将面临怎样的刑责处罚？

根据《刑法》第 114 条和第 115 条的规定，故意放火烧毁林木，尚未造成严重后果的，处 3 年以上 10 年以下有期徒刑。放火致人重伤、死亡或者使公私财产遭受重大损失的，处 10 年以上有期徒刑、无期徒刑或者死刑。

构成失火罪的，根据《刑法》第 115 条第 2 款，处 3 年以上 7 年以下有期徒刑；情节较轻的，处 3 年以下有期徒刑或者拘役。

3. 哪些草原用火行为要承担法律责任？

《草原防火条例》第 45 条规定，违反本条例规定，有下列行为之一的，由

县级以上地方人民政府草原防火主管部门责令停止违法行为，采取防火措施，消除火灾隐患，并对有关责任人员处200元以上2 000元以下罚款，对有关责任单位处2 000元以上2万元以下罚款；拒不采取防火措施、消除火灾隐患的，由县级以上地方人民政府草原防火主管部门代为采取防火措施、消除火灾隐患，所需费用由违法单位或者个人承担：

（1）在草原防火期内，经批准的野外用火未采取防火措施的；

（2）在草原上作业和行驶的机动车辆未安装防火装置或者存在火灾隐患的；

（3）在草原上行驶的公共交通工具上的司机、乘务人员或者旅客丢弃火种的；

（4）在草原上从事野外作业的机械设备作业人员不遵守防火安全操作规程或者对野外作业的机械设备未采取防火措施的；

（5）在草原防火管制区内未按照规定用火的。

本章练习

一、选择题

1. 生态文明的核心是（　　）。

A. 征服自然　　B. 尊重自然、顺应自然、保护自然

C. 无限开发自然资源　　D. 以经济发展为唯一目标

2. 以下不符合生态文明理念的生产方式是（　　）。

A. 发展生态农业　　B. 大力推广高污染的传统工业

C. 采用环保技术进行生产　　D. 推动经济向低碳方向转型

3. 习近平生态文明思想正式提出的时间是（　　）。

A. 2018年5月18—19日　　B. 2017年10月18日

C. 2019年3月5日　　D. 2020年1月1日

4. 以下（　　）最能体现生态文明的系统性特征。

A. 个人进行垃圾分类

B. 企业单独开展节能减排活动

C. 城市规划中综合考虑经济、社会与生态协调发展

D. 某地区只发展单一的农业产业

5. 新能源技术的发展促使人类能源利用方式从传统化石能源向清洁能源转型，

这体现了生态文明的（　　）特征。

A. 系统性　　B. 动态性

C. 可持续性　　D. 全民性

6. 生态文明的全民性特征意味着（　　）。

A. 只有政府才有责任参与生态文明建设

B. 企业不需要参与生态保护

C. 社会组织在生态文明建设中不起作用

D. 每个人都要树立生态意识并参与生态保护行动

7. 1992 年起，我国将环境与生态文明教育理念从“为了环境保护的教育”拓展为（　　）。

A.“为了经济发展的教育”　　B.“为了可持续发展的教育”

C.“为了科技创新的教育”　　D.“为了社会进步的教育”

8. 我国环境与生态文明教育一直坚持的理念是（　　）。

A. 完全照搬国际模式

B. 只注重国内自主发展

C. 将中国国情与国际视野相结合

D. 忽视国际经验

9. 与国际上盛行的可持续发展教育相比，生态文明教育（　　）。

A. 没有区别

B. 是对可持续发展教育的否定

C. 具有鲜明的中国特色，是教育创举

D. 不适应国际发展趋势

二、简答题

1. 当前，高校从课程、人才培养、科研、合作等方面全力推进生态文明教育，针对你就读的学校开展生态文明教育，你有什么建议？

2. 结合大学生的日常生活，谈谈如何践行生态文明理念下的生活方式。

第二章
了解生态危机

学习目标

【知识目标】

1. 掌握生态危机的概念和内涵
2. 熟悉生态危机的主要特征
3. 理解造成生态危机的因素

【技能目标】

1. 能够简述生态危机对人类的破坏性影响
2. 能够简述国内外生态危机的现状

【素质目标】

1. 通过学习生态危机知识，建立环保意识，增强生态文明建设的责任感
2. 提升对生态危机的认知深度，激发探索生态危机相关知识的主动性

【案例导入】

为了美丽的“海底花园”

——海南省三亚市蜈支洲岛珊瑚礁生态系统保护修复

蜈支洲岛位于海南省三亚市北部，面积约1.48平方公里。20世纪末期，蜈支洲岛是一个无人居住的小岛，由于过度捕捞、陆源污染和水产养殖等人为因素以及气候变化影响，蜈支洲岛的渔业资源急速衰退，珊瑚礁生态系统退化。

过去三十年，蜈支洲岛周边部分海域珊瑚覆盖率下降约70%，局部区域的珊瑚礁呈现破碎化状态，三维结构遭受严重破坏，礁栖鱼类种群数量严重减少，一些珍稀鱼类绝迹。蜈支洲岛珊瑚礁生态系统的多样性、稳定性和可持续发展受到严重威胁，仅靠自然恢复珊瑚礁几无可能。

秉持“绿水青山就是金山银山”理念，坚持陆海统筹、协同治理，践行保护与发展并重。经过多年努力，蜈支洲岛及其周边被打造成美丽的海底花园，形成以珊瑚礁为名片的海岛特色。如今，蜈支洲岛生态环境优美，珊瑚资源丰富，荣获“联合国COP15青年生物多样性科学探索海南活动珊瑚礁修复基地”和“海南省首个海洋牧场渔业碳汇示范基地”等多项荣誉，成为全国著名的热带海岛生态旅游胜地。

（一）保护优先，源头管控

自2010年起，通过定期清理海洋垃圾，开展珊瑚修复，增殖放流及投放人工鱼礁等措施，大力修复近海海洋生态环境，致力于恢复海洋生物资源多样性以及提高海洋生态系统稳定性，经过10多年努力，已取得明显成效。同时，旅游区实施禁止砍伐树木、禁止捕捞、全岛禁烟、全面禁塑、控流限流等管控措施，将低碳、环保、无废理念全面融入蜈支洲岛的各个角落。

（二）科学设计，持续修复

与多所大学和科研院所展开合作，因地制宜建设多种珊瑚苗圃，把人工鱼礁设计与珊瑚礁修复有机结合，成功研发出珊瑚种植人工礁以及黎族船型屋形珊瑚种植礁，在国内破碎化珊瑚礁修复技术方面开拓了新思路。通过对多种造礁石珊瑚断枝进行收集和繁殖，以此作为珊瑚礁移植种苗，为野外珊瑚的恢复创造了有利条件。

（三）海洋公益，助力修复

探索“旅游＋公益”的新模式，先后推出“海底花园”计划、“神奇海洋”公益项目，还策划了央视珊瑚主题直播活动，同时，与无境深蓝、野生救援携手开展海洋保护公益活动。此外，还向游客推出“珊瑚宝宝”项目，以此促进珊瑚礁生态修复与生态旅游的有机结合，并且在研学游和亲子游产品中融入珊瑚科普课堂，让广大市民游客能够身体力行，为海洋生态修复贡献力量，将蜈支洲岛打造成集珊瑚保护、科学研究以及旅游开发于一体的珊瑚修复示范基地。

（四）摸清本底，科学管护

自 2017 年起，蜈支洲岛针对岛屿周边沿海区域的珊瑚礁生态系统展开全面普查，普查内容涵盖珊瑚覆盖率、大型海藻、敌害生物、珊瑚礁鱼类和大型无脊椎动物的密度和多样性等多个方面。同时，结合水质环境和人类活动状况的影响进行分析，初步明确影响蜈支洲岛珊瑚礁（如珊瑚和砗磲等）分布的关键因素，掌握该岛珊瑚礁生态系统的基本情况和生存状态，基本摸清珊瑚礁的本底情况，为后续珊瑚礁生态保护修复工作打下坚实基础。

蜈支洲岛还建立并完善了废弃物管理体系和珊瑚移植后的定期养护计划。在日常管理中，始终坚持垃圾分类处理和海洋垃圾清理工作，大力强化海上垃圾防治力度，每年清理包括渔网、绳子、塑料制品等在内的海洋垃圾 10 余吨，并且从 2017 年开始，每年定期清除核果螺、长棘海星等珊瑚敌害生物，并禁止渔民在修复区内开展渔业活动，从源头上保障珊瑚移植的成活率和海洋生态环境的长效保护。

资料来源：自然资源部 . 为了美丽的“海底花园”：海南省三亚市蜈支洲岛珊瑚礁生态系统保护修复案例 .（2024－11－10）[2025－04－18] .https：//mp.weixin.qq.com/s/_btN-DseO6otAwwk-0pKdQ?scene=25#wechat_redirect.

启示与思考：

蜈支洲岛珊瑚礁生态系统的修复实践，不仅为海南乃至全国海洋生态保护提供了鲜活样本，更蕴含着深刻的生态哲学与可持续发展智慧。蜈支洲岛的成功，不应止步于单一岛屿的修复，其经验可推广至海南全域珊瑚礁保护网络构建，甚至纳入全球海洋保护地体系。通过跨区域协作（如与南海周边国家共享修复技术）、产业联动（如发展蓝色碳汇经济），有望打造“政府主导、科技支撑、全民参与、国际协作”的海洋生态治理新模式。

蜈支洲岛的“海底花园”不仅是一曲珊瑚礁的重生赞歌，更是一部写给未来的生态启示录。它告诉我们：当人类以谦卑之心与科技之力守护海洋，蔚蓝之下终将绽放生命之花的璀璨光芒。

第一节 生态危机概说

一、生态危机的概念及内涵

生态危机，简而言之，是指由于人类活动对自然环境造成严重破坏，导致生态系统失去平衡，进而威胁人类及其他生物生存和发展的现象。作为当今全球关注的焦点，其内涵远超单纯的自然环境恶化，不仅关乎自然界生态平衡，更与人类社会的生存发展紧密相连。

首先，从生态学角度看，生态危机是指生态系统遭受严重破坏，导致生物多样性丧失和生态平衡失调。这种破坏源于多种因素，如过度开发、污染、气候变化等。生态系统受到这些压力时，自我修复能力受到挑战，会引发物种灭绝、生态系统崩溃等连锁反应，既破坏自然界和谐共生，又对人类生存环境构成严重威胁。

其次，生态危机还体现在人类社会的各个方面。工业化进程中，人类的生产生活方式对自然环境造成巨大压力。过度开采资源、破坏生态环境等行为，不仅加剧生态危机，还引发资源短缺、环境污染等社会问题，既降低人类生活质量，还对社会经济发展造成严重制约。

再次，生态危机涉及伦理道德和全球责任。当前，破坏生态环境的行为仍大量存在，例如南极企鹅体内发现 DDT 等农药残留，大量氟利昂排放至空气中造成南极臭氧空洞；大量生活、工业废水排入水域引发赤潮，进而导致鱼虾死亡；原始森林遭人为破坏，造成动物流离失所，甚至某些物种消亡。面对生态危机，人类需反思自身行为，承担起保护地球生态环境的责任。这要求我们转变发展观念，推行绿色、低碳、循环的发展模式，实现人与自然和谐共生。

最后，生态危机是全球性难题，需各国携手努力、加强国际合作，共同应对挑战，守护我们赖以生存的地球家园。只有这样，才能实现人与自然和谐共生，为子孙后代留存美好世界。

二、生态危机的主要特征

（一）生态系统失衡

生态危机的显著特征之一是生态系统失衡。人类活动导致大量物种灭绝、生态环境破坏和资源过度开发，打破了生态系统平衡。例如，森林砍伐和过度开垦会引发土壤侵蚀和荒漠化，影响整个生态系统的稳定性。海洋污染和过度捕捞会造成海洋生物数量减少，破坏海洋生态系统平衡。这些生态系统失衡现象在全球屡见不鲜，严重威胁人类生存和发展。

知识链接

森林生态系统

森林生态系统是森林生物与环境、森林生物之间相互作用，实现能量转换和物质循环的统一体系，可分为天然林生态系统和人工林生态系统。它是陆地生态系统中面积最大、最重要的自然生态系统，在陆地生态系统中具有调节气候、涵养水源、保持水土、防风固沙等功能，同时也保持着最高的物种多样性，一般可分为乔木层、灌木层、草本层和地面层等四个基本层次，有的可多达 7～8 个层次，明显的层次结构比其他生态系统复杂。

（二）生物多样性减少

生物多样性是维护生态系统稳定与持续发展的基础性要素。当前需清醒认识到，在经济社会高速发展的进程中，生物资源过度开发、生态环境污染等问题持续加剧，致使物种栖息空间持续缩减，生物多样性呈现加速流失态势。联合国环境署成立的生物多样性和生态系统服务政府间科学政策平台（IPBES）发布的报告显示，目前全球物种灭绝的速度“至少比过去 1 000 万年的平均速度快数十至数百倍”。报告发现，地球上估计有 800 万种动植物物种，大约有 100 万种正面临灭绝威胁，许多物种将在几十年内消失，其灭绝规模与速度远超人类历史上任何时期。生物多样性锐减不仅导致生态失衡，更对粮食安全生产体系与中医药资源可持续利用构成直接威胁，具体表现为耕地肥力持续下降、水源净化能力衰减、农作物抗灾稳产能力弱化，以及药用物种资源储备量锐减等系统性风险。通过完善生物多样性保护制度体系，强化生态系统功能修复措施，严格落实生态保护红线制度，切实提升生态服务供给能力，为推进生态文明建设提供坚实保障。

知识链接

那些一度濒临灭绝的大自然生灵

1. “植物大熊猫”——百山祖冷杉

百山祖冷杉是国家一级重点保护野生植物，也是苏、浙、皖、闽唯一生存至今的冷杉属珍稀物种，有“植物活化石”“植物大熊猫”的美称。1987 年，百山祖冷杉被列为世界最濒危的12种植物之一。

百山祖冷杉

开展保护工作以来，百山祖冷杉团队针对百山祖冷杉群落和地被层开展生境改良。2020年，天然更新存活的百山祖冷杉幼苗增加到285株，在人工改良生境促进天然更新上迈出关键性一步。2019年5月，百山祖冷杉部分无菌试管苗实现野外回归。

2.“东方宝石”——朱鹮

朱鹮

朱鹮为世界性濒危珍稀鸟类、国家一级保护动物，与熊猫、羚牛、金丝猴一起并称为“四大国宝”。浙江是朱鹮的历史分布区，20世纪50年代在浙江宁波、瑞安等地采集的朱鹮标本仍陈列于上海师范大学等单位博物馆。2008

年，浙江从陕西引进10只朱鹮，在浙江德清下渚湖启动人工迁地保护和浙江野外种群重建工程。

如今，朱鹮的人工圈养种群不断扩大。截至2025年8月，浙江德清朱鹮种群数量达到960只，其中，野外种群超数500只①。

3. 稀有物种——堇叶紫金牛

堇叶紫金牛为中国特有的珍稀濒危植物，主要分布于浙江和台湾。浙江省建德市寿昌林场绿荷塘林区有少量发现，但数量极少，远远低于“最小可存活”规模。堇叶紫金牛一度极度濒危，被列入《浙江省重点保护野生植物名录》（第一批）。21世纪起，林业科技人员经过深入研究，攻克种子繁殖、扦插、组培等技术，使其脱离濒危状态。

堇叶紫金牛

资料来源：党建头条．生态 | 那些一度濒临灭绝的大自然生灵．（2020-03-09）［2025-04-18］．https：//baijiahao.baidu.com/s?id=1660620359652137741&wfr=spider&for=pc.

（三）环境污染严重

生态危机的另一个显著特征是环境污染严重。工业化进程中，大量的废水、废气和固体废弃物被排放到环境中，导致严重的环境污染。空气污染、水体污染和土

① 王燕维．一起“森”呼吸！8·15全国生态日，打卡浙里“绿野仙踪”．钱江晚报，2025-08-15.

壤污染等问题日益突出，给人类健康和生态环境带来极大威胁。环境污染不仅影响人类的生活质量，还会加剧生态系统失衡，形成恶性循环。

（四）资源枯竭

随着人口增长和经济发展需求，资源枯竭问题日益严重。过度开采和不合理利用导致许多自然资源逐渐枯竭，如水资源、森林资源、矿产资源等。资源枯竭不仅会影响人类的生产和生活，还会加剧生态危机，使生态系统更加脆弱。

（五）社会经济影响深远

生态危机不仅冲击生态环境，还对社会经济产生深远影响。生态系统失衡、生物多样性丧失、环境污染和资源枯竭等问题，导致农业生产下降、渔业资源减少、旅游业受损等，进而影响经济发展和社会稳定。需要警惕的是，生态领域的矛盾正加速向国际政治经济领域外溢，贫富差距结构性扩大、气候难民跨境流动等新型全球治理难题，对人类命运共同体的构建形成重大考验。

面对这场关乎人类永续发展的历史大考，必须坚决贯彻落实习近平生态文明思想，锚定绿色发展主攻方向，统筹推进生态环境综合治理体系现代化建设。要牢固树立“绿水青山就是金山银山”发展理念，强化生态环境保护制度刚性约束，深化生态文明体制改革，构建政府主导、企业主体、社会组织和公众共同参与的现代环境治理格局，以最严格制度、最严密法治守住生态安全底线，为子孙后代筑牢可持续发展的绿色长城。

三、造成生态危机的因素

造成生态危机的因素有自然因素和人为因素。自然因素包括水灾、旱灾、地震、台风、山崩和海啸等自然灾害；人为因素包括干扰和破坏环境、改变生物种类和数量、破坏生物信息系统等，是造成生态危机的主要因素。

（一）人为干扰和破坏环境

一方面，人类的生产和生活活动产生大量废气、废水、垃圾等，不断排放到自然环境中，会产生气候灾难，进而严重影响人类和动植物的生存。例如，二氧化碳大量排放导致地球气候变暖，二氧化硫、氮氧化物大量排放引发酸雨等。

另一方面，人类对自然环境资源的不合理利用或掠夺式开发，使环境质量恶化，产生近期或远期效应，最终导致生态平衡失调、生态危机爆发。例如，过度放牧、盲目垦荒、乱砍滥伐等，造成土地荒漠化。

知识链接

1. 森林防火期内，林区用火有什么规定？

森林防火期内，禁止在森林防火区野外用火。因特殊情况需要用火的，必须严格申请批准手续，并领取野外用火许可证。

因防治病虫鼠害、冻害等特殊情况确需野外用火的，应当经县级人民政府批准，并按照要求采取防火措施，严防失火；需要进入森林防火区进行实弹演习、爆破等活动的，应当经省、自治区、直辖市人民政府林业主管部门批准，并采取必要的防火措施；中国人民解放军和中国人民武装警察部队因处置突发事件和执行其他紧急任务需要进入森林防火区的，应当经其上级主管部门批准，并采取必要的防火措施。

2. 草原防火期内，在草原上用火有什么规定？

《草原防火条例》规定，县级以上地方人民政府应当根据草原火灾发生规律，确定本行政区域的草原防火期，并向社会公布。

因生产活动需要在草原上野外用火的，应当经县级人民政府草原防火主管部门批准。用火单位或者个人应当采取防火措施，防止失火。因生活需要在草原上用火的，应当选择安全地点，采取防火措施，用火后彻底熄灭余火。除上述规定的情形外，在草原防火期内，禁止在草原上野外用火。

在草原防火期内，在草原上作业或者行驶的机动车辆，应当安装防火装置，严防漏火、喷火和闸瓦脱落引起火灾。在草原上行驶的公共交通工具上的司机和乘务人员，应当对旅客进行草原防火宣传。司机、乘务人员和旅客不得丢弃火种。

经本级人民政府批准，草原防火主管部门应当对进入草原、存在火灾隐患的车辆以及可能引发草原火灾的野外作业活动进行草原防火安全检查。发现存在火灾隐患的，应当告知有关责任人员采取措施消除火灾隐患；拒不采取措施消除火灾隐患的，禁止进入草原或者在草原上从事野外作业活动。

（二）人为改变生物种类和数量

生态系统中，物种的增减往往牵一发而动全身。盲目引入新物种，可能引发连锁生态危机，例如，1929 年，韦兰运河的开凿，使得内陆与海洋水系贯通，海洋八目鳗借机入侵内陆水域，致使本土鳟鱼种群遭受毁灭性打击，年产量呈断崖式下跌。反之，物种的骤然缺失，同样会撕裂生态网络，20 世纪 50 年代，美国部分地区因过度捕杀麻雀，竟导致骇人虫灾，究其根源，正是维系生态平衡的麻雀种群被大规模消灭，让害虫失去天然制约，在失控性繁殖中酿成生态浩劫。

（三）人为破坏生物信息系统

动物和植物间依靠着特定信号联系，维持群体生活和正常繁殖。若我们向环境乱排某些化学物质，就可能像信号干扰器一样，破坏生物之间的沟通网络，打破整个生态系统平衡。例如，很多虫子靠释放特殊气味找对象交配，人类排放的污染物若和求偶气味发生化学反应，时间一长，雌虫放出的“爱情信号”会失效，雄虫接收不到正确信息，虫子们就找不到对象繁衍，最终整个族群可能越来越少，甚至从某地彻底消失。

第二节 生态危机对人类的影响

一、生态危机影响人类生理健康

（一）气候变化影响人类生理健康

作为当前主要生态危机之一，气候变化直接或间接影响人类生理健康。日常生活中，人体疾病的发生常与季节性气候变化有关。例如，春季天气多变，是呼吸道传染病高发季，感冒、风疹、水痘、麻疹、流脑、猩红热等疾病频发，中、老年人心肌梗死发病率也很高。乙型脑炎多发于夏、秋季；霍乱、痢疾等肠胃病则多发于夏季。上海市一项研究发现，人的死亡率高低与季节变化有关。深秋以后，死亡人数急剧增加；冬季达死亡人数高峰。日平均气温 15℃～25℃时死亡人数减少，炎夏热浪袭击，日最高气温达 35℃以上，死亡人数又骤然增加。这些研究表明，极端气候加剧，放大了对人体健康的影响，人类生理健康面临更大挑战。

气候变化引发的热浪、洪水、暴风雨等天气、气候异常事件和海平面上升等，直接影响人类健康和生命；同时，气候变化还会影响淡水资源供应，加重空气污染，对人类健康产生间接的影响。更关键的是，气候异常会引发生态和环境相应变化，导致全球生态系统功能失衡。随着全球气候变暖，疟疾、登革热等通过昆虫传播的疾病，可能殃及世界人口的40%～50%，威胁着人类健康和日常生活。在高温与高湿地区，气候变暖可能造成蚊蝇滋生，增加霍乱病、疟疾和黄热病等流行病的发病率，同时因温度和降水区发生系统性变化，可能从根本上改变病媒体传播的疾病和病毒性疾病的分布，使其移向较高纬度地区，致使疟疾、血吸虫病、锥虫病、黄热病、鼠疫、霍乱等一系列疾病的流行范围扩大，使更多人口面临疾病危险。

（二）环境污染影响人类生理健康

人类需要呼吸空气以维持生命。一个成年人每天呼吸2万多次，吸入空气量达15～20立方米。因此，被污染的空气对人体健康有直接影响。主要表现为呼吸道疾病与生理机能障碍，以及眼鼻等黏膜组织受到刺激而患病。

研究显示，大气中污染物的浓度很高时，会造成急性污染中毒，甚至在几天内夺去几千人的生命。即使大气中污染物浓度不高，但人体成年累月呼吸受污染的空气，也会引发慢性支气管炎、支气管哮喘、肺气肿及肺癌等疾病；雾霾天气是一种大气污染状态，会给气候、环境、健康、经济等方面造成显著的负面影响，例如，引起城市大气酸雨、光化学烟雾现象，导致大气能见度下降，阻碍空中、水面和陆面交通；增加死亡率，使慢性病加剧、呼吸系统及心脏系统疾病恶化，改变肺功能及结构、影响生殖能力、改变人体的免疫结构等。

知识链接

“雾－霾”现象透视：雾和霾的联系及区别

“雾霾”是雾和霾的俗称，是将两种相似且难以区分的天气现象共同提及的概括性说法。由于雾和霾都伴随着能见度下降，因此公众和媒体也经常将二者混为一谈，合而论之。针对“雾－霾”现象和有关科学问题，中国气象局专家指出，雾和霾常常相伴出现，并可相互转化，成分不同且对人类健康的影响也有所不同。

雾和霾相伴而生并能相互转化：根据气象学的定义，凡是大气中因悬浮的云雾滴（即水滴）导致的能见度低于1公里时，这种天气现象就称为雾。当能见度在1～10公里时则被定义为轻雾。

霾则是大量极细微的干尘粒等均匀地浮游在空中，使水平能见度小于10公里的空气普遍混浊现象，这里的干尘粒指的是干气溶胶粒子。

一般情况下，当能见度在1～10公里时可能既有干气溶胶的影响（即霾的影响），也可能有水滴的贡献（即轻雾的贡献），且不易区分，所以就被称为“雾－霾”现象。由于在实际的大气中没有气溶胶粒子作为云雾的凝结核（或冰核），无法形成雾，因而雾和霾的背后都与气溶胶粒子有关。

雾和霾在一天之中可以变换角色，甚至在同一区域内的不同地方，雾和霾也可能各有侧重。譬如一天中清晨的空气湿度比较大，水滴含量较多，出现轻雾和雾的概率大一些；到了中午空气湿度下降，干气溶胶粒子比重增多，则霾就偏多一些。总之，雾和霾通常会相伴出现并可以转换。

干霾、湿雾是雾和霾的显著区别：干气溶胶粒子和有气溶胶粒子参与的云雾滴是霾和雾的主要成分，也是二者最主要区别。通俗来说，霾比较“干”，而雾比较“湿”。

判断雾和霾哪个偏多，空气湿度是重要的依据。一般说来，在“雾－霾”现象中，大面积观测到的空气相对湿度大于90%时，以雾为主导；低于80%时，以霾为主导。

之所以用空气湿度作为区分雾和霾的依据，是因为水汽在雾－霾变化中扮演着重要角色。当空气中水汽较多时，某些吸水性强的干气溶胶粒子会吸水、长大，并在过饱和的气象条件下最终活化为云雾的凝结核，在气溶胶粒子之外，产生一些云雾滴，从而推动由霾向轻雾和雾的转化。而当空气湿度降低时，雾向霾的转变也会发生。

雾和霾原本是自然界的两种天气现象，在历史上人类活动对大气影响较弱的年代，雾和霾也会不时出现，因为自然的循环过程中也会产生气溶胶粒子，只不过这些气溶胶粒子被视为背景气溶胶，而那时的雾－霾也主要靠空气中水汽变化来控制。但是，随着人类活动的加剧，这一现象在我国近三四十年出现了显著变化，当今的雾－霾不仅受到空气中水分多少和分布的影响，还受到主要源于人为排放的大气气溶胶显著增加的影响。

霾中的PM2.5粒子更容易进入肺部。在干气溶胶粒子中，存在不少直径小于等于2.5微米的粒子，即是我们常说的PM2.5，也叫入肺颗粒物。因此，在以霾为主的雾－霾天气中，可进入肺部的PM2.5更多。

研究发现，粒径在10微米以上的颗粒物，会被挡在人的鼻子外面；粒径在2.5～10微米的颗粒物，能够进入上呼吸道，对人体健康危害相对较小；而粒径在2.5微米以下的细颗粒物（即PM2.5），能够直接进入肺泡并被巨噬细胞吞噬，可以永远停留在肺泡里，不仅对呼吸系统，对心血管、神经系统等都会有影响。由于雾中的水滴粒子直径通常在几十微米，和PM2.5相比，不易直接进入肺部。

至于PM2.5对健康的影响到底有多大，目前尚无定论，这是因为PM2.5对人体的影响是一个长期过程，不是短期内就可以表现和评估出来的。同时，产生的影响还与PM2.5浓度、人在其中暴露时间、防护措施、个人体质与营养等因素密切相关，因此，当前很难对霾给健康造成的影响，做出准确且定量的判断。

资料来源：徐文彬．“雾－霾”现象透视：雾和霾的联系及区别．(2023-12-07)［2025-04-18］.https：//www.cma.gov.cn/2011xwzx/2011xqxxw/2011xqxyw/201312/t20131207_233458.html.

二、生态危机影响人类心理健康

（一）环境气候变化影响人的情绪和情感

地理环境、天气气候等都会对人的健康和情绪产生不可忽视的影响。研究表明：气温在21℃上下，些许微风和不太强的阳光对人的健康生活是有利的。人体是准恒温的，为保持体温不变，就要不断向外界排出新陈代谢所产生的热量或汗水。因此，相对湿度为85%或气温为38℃、相对湿度为50%或气温为40℃、相对湿度为30%左右时，人的体温调节能力就会出现障碍，极易中暑，同时，气候对关节炎、心脏病以及情绪也会产生影响。因此，人们在日常生活中，应当关注环境气候的变化，了解相关的知识，注意及时防护。

当前，随着生态环境屡遭破坏，极端气候频现，人类的情绪和情感都极易出现较大波动，负面情绪加大，免疫力下降。例如，一些地区超强降水、长时间降雨，导致地面湿度偏大，使人情绪低落。同时，阴天和下雨前的低气压会使学龄儿童坐立不安；阳光本来对人的情绪有益处，尤其是在冬天，但长期干旱，晴热少雨，容易造成“情绪中暑”，让人烦躁不安。负离子是空气中一种带负电荷的气体离子，能够改善人的大脑功能，调节情绪。调查表明，暴雨前人们会异常活跃和兴奋，这是因为雷电增加了大气中的负离子，使人们感到愉快；而在许多国家，如美国、瑞士和以色列，干热的风减少了空气中的负离子，使得精神失常现象增多，人们的办事效率降低，反应迟钝并容易发怒。

知识链接

污染影响人的心理健康

受污染的影响，人的心理也会产生变化，因污染的性质不同，引起的心理问题也不同。受锰污染影响，一些锰矿工人或神情呆滞，或时常莫名其妙地发笑，精神时而亢奋、时而冷淡，同时伴有语言障碍，语速缓慢、口齿不清、语无伦次，素质及体质都会发生很大的变化。塑料工厂的氯乙烯气体会使人失眠多梦、抑郁不安、定向发生障碍。油漆车间的二甲苯气体会使人记忆力下降、神志不清、产生幻觉、表情冷漠、乏力懒惰、易激动等。在硫矿区、硫化燃料或合成橡胶、制糖、制革、造纸、屠宰等厂区，人们常常能闻到一股臭鸡蛋味，多是硫化氢的特殊臭味。当每立方米空气中含有 11～24 微克硫化氢时，人们就可闻到恶臭味，并产生不快的感觉。长时间处在恶臭环境中，人的精神会发生变化，并产生平衡功能失调、意识不清、味觉紊乱、视觉模糊、判断力和记忆力下降等问题，影响人的正常生活和工作。汽车排出的含铅尾气所致的铅污染会使人记忆力减退、工作效率降低。铅污染，是人们无法感觉到的一种污染，它对人（尤其是儿童）的心理及智力的影响很大。当 100 毫升血液中的铅含量超过 60 微克时，儿童就会出现智能发育障碍和行为异常。

噪声污染也是影响人类心理健康的重要因素。高噪声可引起色觉与色视野异常；强噪声可使人眼对运动体的对称平衡反应失灵。另外，噪声还能干扰人的注意力，并影响人的语言交流能力、记忆力，以及儿童的智力发育。一项调查研究表明，噪声环境中儿童智力发育比安静环境低 20%。

此外，水体污染对人类心理、生理健康的影响也极为明显。人饮用被污染的水后，大脑皮层运动区、感觉区和视听区会受到损害，造成运动、言语、情绪、性格障碍。饮用二硫化碳污染的水体后，人会出现视力减退、思路不清楚、性格变化等症状。

（二）环境重塑人类意志

现代心理学研究表明，心理机制的形成及行为表征，源于环境刺激的系统性作用。环境破坏与生态失衡不仅威胁人类生产生活根基，更通过神经生物学途径深度重构个体心理图式。作为高等智慧生物，人类对外部环境的微妙变化具有超敏反应特征——全球已发现的 50 余种化学污染、噪声污染、光污染等多元环境压力源，均能引发显著心理健康连锁反应。当环境污染升级为全球性公害，其产生的慢性心理压迫，正悄然瓦解现代人的心理韧性，使群体长期处于认知失调、情绪波动与安全感缺失的亚健康状态。值得关注的是，持续性雾霾天气经光环境改变与气压波动，会诱发群体性“气象抑郁”效应，使社会整体心理活力指数下降 12～15 个百分点，表现为明显的认知迟滞与情绪低迷。

三、生态危机影响人类生存发展

（一）生态危机影响人类生产

人类社会持续发展中，对自然资源的依赖性显著上升。然而，近三十年，全球资源过度开发与不合理利用，引发多维度、复合型生态危机，不仅造成自然生态系统服务功能衰退，更对全球生产体系产生系统性冲击。

首先，自然资源供需失衡。全球人口增长与经济发展加快资源消耗，可再生资源再生周期与不可再生资源储量矛盾尖锐。以水资源为例，联合国环境规划署数据显示，全球约四分之一人口正面临用水压力，灌溉农业区地下水位年均下降 1～3 米。此类资源约束已构成经济增长的硬性边界，可能引发产业链断裂风险。

其次，生态环境恶化导致生产基础受损。土地退化与生物多样性衰减形成复合型威胁，据世界银行统计，全球每年因土地荒漠化造成的经济损失达 420 亿美元。气候变化引发的农业生产要素变异突出，联合国粮农组织报告指出，主要作物产区气候适宜性指数近二十年平均下降 12.7%，渔业资源存量较工业化前减少 39%。

最后，生态阈值正在重塑生产范式。传统线性经济模式的环境外部性成本，已超过生态系统承载能力，这种不可持续性，在碳预算、氮循环等地球系统指标上体现显著。当前，全球产业链实施绿色转型成为必然选择，143 个国家制定的碳中和路线图，以及全球清洁技术投资额的实践数据可佐证。根据国际能源署（IEA）发布的《2025 年世界能源投资》年度报告，全球能源领域投资预计增至 3.3 万亿美元，其中约 2.2 万亿美元将集中投向可再生能源、核能、电网和电气化等领域，以上均印证生态化生产范式的确立。

（二）生态危机影响人类生活

生态失衡、生态危机的出现，打破了人类文明既往生存发展模式，要求人类走可持续发展道路，以人与自然和谐统一为核心，强调人、社会和环境关系的整体协调与和谐发展，以“生态利益高于一切”作为处理人与自然关系的核心理念和最高价值追求。应从自身做起，从身边小事做起，践行低碳生活，节约用水、节约用电、合理消费，拒绝奢侈浪费。积极倡导文明环保理念，牢固树立与生态保护相适应的政绩观、消费观；形成尊重自然、热爱自然、认知自然、善待自然的良好氛围，使人类生活方式与生态系统完整统一，用文明方式对待自然，使生活方式、文化价值、社会结构都体现人与自然的和谐关系。

因此，人们要改变以往在生活消费、文化价值、社会结构上与自然不相协调的一面，逐步形成符合生态环境观的生活与消费方式。

（三）生态危机影响人类生存

人类发展、生存，离不开生态文明，在生态危机日益加剧的当下，人类生存与发展受到威胁。当温室效应成常态，气候变暖成常态，百年一遇的极端情况渐成常见，人类生存将面临极大困境，没有生存，就不可能谈发展。生态危机正改变人类生存与发展轨迹，它要求人类摒弃过去把人与自然关系看成占有与被占有关系的观念，改变完全忽略人的价值、生存条件与利益的状态。重建符合人类生存发展需求的“人—自然—社会”整体生态系统文明，在总结以往生态危机成因基础上，筑牢人类迈向未来真正自由王国的现实基础和条件。

当前，生态危机形势已十分严峻，若不采取行动，后果不堪设想。生态危机是人类长期活动累积的结果，解决它需要长期过程，也是全球各国不可推卸的责任。但时不我待，为了美好生活与子孙后代的生存发展，人类必须行动起来，转变观念，生态环境才有望修复，生态才能重归平衡。

课堂互动

走进生态危机：消失的渡渡鸟

1. 案例展示

渡渡鸟是一种不会飞的鸟，仅产于非洲的岛国毛里求斯。渡渡鸟的体形臃肿，走起路来步履蹒跚，再加上一张大大的嘴巴，很多人误认为它是鸡的“近亲”。千百年来，岛上没有渡渡鸟的天敌，它们在进化中失去了飞翔能力，变得善于在地面上行走觅食、建窝孵卵。因为生活区域狭小，人类登岛之前，渡渡鸟的种群数量本就有限。

16 世纪后期，携带枪支、猎犬的欧洲海员和殖民者来到毛里求斯岛。水手们见到不会飞的渡渡鸟都惊讶不已。而渡渡鸟和许多封闭生活在岛上的动物一样，对人类毫无警惕，还好奇地走近人前观望。

当入侵者发现渡渡鸟行动笨拙、易于捕捉后，便很快将它们作为狩猎目标和食物来源。许多渡渡鸟惨遭杀害，原本不多的种群数量不断减少。诚然，人类狩猎是渡渡鸟灭绝的因素之一，但直接把这种鸟逼上绝路的，是人类带到毛里求斯的猴子、鹿、猪、老鼠等动物。这些外来动物，有的是成年渡渡鸟的天敌，有的会破坏渡渡鸟的巢穴，使其幼鸟和蛋都难以幸免。

随着时间推移，渡渡鸟数量越来越少。17 世纪中叶，地球上最后一只渡渡鸟被人类杀害，从此，人们只能在博物馆标本和画家画作中，寻觅它们的身影。

2. 案例讨论与反思

反思一：物种灭绝的严重性。

反思二：人类活动对环境的影响。

反思三：生态保护意识的重要性。

第三节 国内外生态危机现状

一、全球生态危机现状

（一）全球气候变暖持续加剧

随着全球人口规模持续扩大，以及科技、工业、经济领域快速发展，人类活动排放的二氧化碳等温室气体，呈现指数增长态势。此类气体在大气中的浓度变化，直接引发温室效应增强，导致全球气候系统出现显著增温现象。

温室气体浓度攀升，主要源于两大核心因素：其一，化石燃料（煤炭、石油、天然气等）大规模燃烧，作为主要能源供给方式，持续释放大量温室气体；其二，森林资源过度砍伐，使碳汇能力系统性衰减，严重削弱生态系统的碳吸收功能。

自工业革命以来，在经济增长与人口膨胀的双重驱动下，人为温室气体排放量持续上升。当前大气中，二氧化碳、甲烷及氧化亚氮浓度已突破过去 80 万年来的历史峰值。观测数据显示，20 世纪全球平均气温升幅达 0.6℃，北半球物候期明显偏移——春季冰雪消融期较 150 年前提早 9 日，秋季霜冻起始期则延后约 10 日。

据《中国气候变化蓝皮书 2025》统计，2024 年，全球地表平均温度为 1850 年有气象观测记录以来的最高值，近 10 年（2015—2024 年）是有观测记录以来最暖的十年；亚洲区域年平均气温较常年值（报告使用1991—2020年气候基准期）偏高1.04℃，与2020年并列为1901年以来最高；中国年平均气温较常年值首次高出1.0℃，为1901年以来的最暖年份。1961—2024年，中国年平均气温呈显著上升趋势，平均每10年升高0.31℃。

气候变暖的宏观表征，涵盖大气温度上升、海洋热含量增加、冰冻圈消融加速以及海平面持续抬升等多维度指标。这一系统性变化，不仅严重威胁自然生态系统的稳定性，更通过极端天气事件频发、传染病分布改变等途径，直接影响人类健康与发展。国际社会已达成共识，应对气候变化需采取多边协同行动。作为社会个体，可通过践行绿色低碳生活方式（包括优化出行方式、提升能源使用效率、参与生态修复工程及完善废弃物管理等），在减缓气候变化进程中发挥积极作用。

（二）全球环境污染日益严重

随着人类社会的发展，环境污染问题逐渐显现，成为全球关注焦点。环境污染指人类活动直接或间接向环境排放超过环境自净能力的物质或能量，从而对生物圈造成危害的现象。近年来，全球环境污染日益严重，给人类带来极大威胁。

首先，空气污染是全球环境污染的重要方面。随着工业化和城市化快速推进，大量废气、烟尘和有害气体排入空气中，导致空气质量严重下降。例如，很多国家和地区出现冬季雾霾问题，PM2.5等细颗粒物浓度超标，对人体健康造成严重危害。此外，汽车尾气排放也是空气污染的重要源头，许多国家和地区都面临交通拥堵和空气质量不佳问题。

知识链接

臭氧洞

臭氧洞，是指地球上空臭氧层因臭氧大幅度减少而形成的空洞。人类向大气排放的氯氟烃等化合物，进入臭氧层与臭氧发生化学反应，是臭氧减少的重要因素。出现臭氧洞后，紫外线会过量射向地表，危害人体健康，致使气候异常，影响生态平衡。

人类活动，尤其是向大气释放的某些工业气体，以及目前被广泛用作制冷剂、清洗剂和发泡剂等的含氯氟烃萜类化合物，像肿瘤一样对臭氧进行破坏，尤以冰箱和空调中常用的氟利昂，对臭氧的破坏最大。

其次，水污染也是全球环境污染中较为严重的一个方面。随着世界人口增长和工业发展，大量废水、污水和有毒物质被排放到河流、湖泊和海洋中，水资源遭受严重污染。这不仅威胁人类的饮用水安全，也对水生生物和生态系统造成严重破坏。例如，印度的恒河等河流，都面临严重的水污染问题，给当地人民的生产和生活带来极大困扰。

知识链接

水污染，在你身边从未离开

当肮脏、有害的物质侵入洁净的水中，水污染就发生了。水污染最大的特点是污染物会在水体中迅速扩散，即使是体积很小的浓缩污染物，也能让大面积水体瞬间被全面污染，使人类和其他生物依赖的水源，即刻失去使用价值。

一般来说，水本身具有自净能力，但由于人类无节制地将生产生活中的大量污水或垃圾排入水中，致使水的自净过程十分缓慢，甚至难以完成。

水是生命之源，一旦被污染，将对人类和其他生物的生存构成严重威胁，因此，水污染防治刻不容缓。水污染防治应当坚持预防为主、保护优先、防治结合、综合治理原则，优先保护饮用水水源，严格控制工业污染、城镇生活污染，防治农业面源污染，积极推进生态治理工程建设，预防、控制并减少水环境污染。

最后，土壤污染也是全球环境污染的重要方面。农业生产中的化肥、农药等化学物质过量使用，以及工业废弃物不合理处理，都加剧了土壤污染问题。土壤污染

不仅会影响农作物的生长和品质，还会对土壤生态系统和人类健康造成潜在威胁。

全球环境污染问题的严重性不容忽视。它不仅给人类健康带来直接威胁，还对生态系统和生物多样性造成严重破坏。

（三）全球生物多样性减少

生物多样性，指地球上形形色色的生命及其多样自然形式，包括众多植物、动物和微生物，也包含每一物种的不同基因型，如各式各样的作物、不同品种的牲畜，同时，还囊括各种各样的生态系统，如沙漠、森林、湿地、山区、湖泊、河流等。

地球上的众多生物，是自然界长达数十亿年演化的结果。在长期演化过程中，始终存在着物种灭绝现象。虽然物种灭绝是自然现象，但人类活动却极大地加快了物种灭绝的速度。据统计，世界上每年至少有5万种物种灭绝，平均每天灭绝的物种达140个。如今，全球物种灭绝的速度，是自然灭绝速度的100～1 000倍。

（四）全球森林锐减

森林锐减，是指人类对森林过度采伐，或因自然灾害，造成森林大量减少的现象。众所周知，森林不仅可以调节气候、防风固沙、涵养水源、保持水土、净化空气，还可以为人类提供资源，给动物提供栖息场所。而森林减少，会使其涵养水源的功能受到破坏，进而造成物种减少和水土流失。同时，随着森林对二氧化碳的吸收量减少，温室效应会进一步加剧。

假如森林从地球上消失，陆地上 90% 的生物会消失，450 万个生物物种将灭绝；90% 的动植物会面临干渴威胁；全世界 70% 的淡水会白白流入大海；生活用炭将减少 70%，生物放氧将减少 67%，大气中的二氧化碳也将大量增加，地球将会升温；许多地区风速将增加 60%～80%，亿万人的家园将毁于风灾；沙漠将会扩大，水土流失严重；人类将得不到木柴、建材、林副产品，经济生活会遇到巨大困难；空气污染、噪声污染、太阳辐射增加，人类将无法生活。

（五）全球酸雨蔓延

酸雨是指 pH 值小于 5.6 的雨雪或其他形态的大气降水。当雨雪在形成和降落过程中，吸收并溶解空气中的二氧化硫、氮氧化物等化学物质时，便会呈现出 pH 值低于 5.6 的酸性特征。这种环境现象可分为湿沉降与干沉降两大类别：湿沉降指气态污染物及悬浮颗粒物随降水（雨、雪、雾、雹等）抵达地表的过程；干沉降则指酸性物质不依赖降水介质，以气态污染物沉降或携带酸性物质的沉降性尘埃直接接触地面。

酸雨成因兼具自然与人为双重属性。自然源包括火山活动喷发的含硫气体、海洋蒸发的盐类微粒、生物分解产生的有机酸性物质等；而工业化时代的人类活动——尤其是化石燃料的燃烧释放、工业废气排放、机动车尾气扩散等行为，持续向大气注入硫氧化物与氮氧化物，构成酸雨形成的主因。这类环境污染物正对水生生态、农林植被、建筑文物及人体健康造成多重威胁。

1. 对水生生态系统的危害

江河、湖泊等水域环境被酸雨污染，受影响最大的是水生动物，特别是鱼类。鱼类本身对酸度的变化极为敏感。若水体 pH 值突然改变，鱼类难以快速适应，会造成大批鱼类死亡。即使水体的 pH 值没有立刻改变，长期酸雨也会使水体 pH 值逐渐下降，鱼类虽有一定适应能力，不至于突然死亡，但也承受不住持续的酸性压力，会出现功能失常、组织病变、繁殖能力下降等情况，进而使鱼群数量逐渐减少，直至消失。此外，酸雨浸渍土壤，侵蚀矿物，使铝元素和重金属元素沿基岩裂缝流入附近水体，进一步加剧水域酸化恶化，导致水生植物死亡，破坏各类生物间的营养结构，造成严重的水域生态系统紊乱。

2. 对陆地生态系统的危害

酸雨对陆地生态系统的危害，集中体现在土壤和植物方面。第一，酸雨会增加硫和氮含量，在一定程度上对树木生长有促进作用。第二，长年酸雨会降低土壤中和能力，且使钾、钙、镁、铝等元素发生淋溶（即由于雨水天然下渗或人工灌溉，上方土层中部分矿物盐类或有机物质溶解并转移到下方土层的过程），导致土壤贫瘠。第三，土壤中的铝和重金属会被活化，抑制树木生长，且酸性条件利于病虫害扩散，危害树木。第四，若树木遇到持续干旱等诱发因素，土壤酸化程度加剧，会引发根系严重枯萎，致使树木死亡。

3. 对人体健康的危害

酸雨对人体健康的危害主要体现在以下方面：（1）酸雨渗入地下，会使地下水金属含量增加，饮用这类水或食用酸性河水中的鱼类，会危害人体健康。（2）二氧化硫和氮氧化合物在大气中经过化学反应，会产生硫酸盐和硝酸盐的细小颗粒物，这些颗粒物可通过呼吸系统进入人体，诱发肺水肿，甚至导致死亡。（3）长期生活在含酸沉降物的环境中，会促使人体产生过多氧化脂，增加动脉硬化、心肌梗死等疾病的发生概率。

4. 对各种材料的危害

一方面，酸雨会加速建筑结构、桥梁、水坝、工业装备、供水管网、动力和通信电缆等众多材料的腐蚀；另一方面，酸雨会严重损害古迹。我国故宫的汉白玉雕刻、希腊雅典的帕特农神庙等古迹，已遭受酸性沉积物的侵蚀。

二、中国生态危机现状

我国作为世界上最大的发展中国家，近年来在经济、科技和文化等领域取得举世瞩目的成就。然而，随着经济社会快速发展，生态环境问题也日益凸显，成为国家和社会关注的焦点。

（一）水资源危机

我国是世界上人口第一大国，水资源短缺问题尤为显著。随着城市化进程加快和人口不断增长，水资源需求量持续攀升，而可供利用水资源却日益减少。过度开采地下水、水污染和浪费现象严重，导致许多地区出现水资源短缺、水危机等问题。此外，不合理的土地利用和城市化建设，也对水资源的保护和可持续利用带来巨大挑战。

（二）空气质量恶化

研究显示，工业排放、交通尾气、农业活动等，都是导致空气质量恶化的重要原因。而长时间吸入污染空气，会对人体健康造成严重影响，引发呼吸系统疾病、心血管疾病等。当前，我国政府已经采取一系列措施改善空气质量，如加大环保力度、推广清洁能源等，但要彻底解决空气质量问题，仍需投入更多努力及时间。根据生态环境部 2025 年 1 月 20 日新闻发布会数据，2024 年，生态环境保护年度各项目标任务圆满完成，生态环境质量持续改善。全国地级及以上城市 PM2.5 平均浓度为 29.3 微克 / 立方米，同比下降 2.7%，连续 5 年稳定达标。

知识链接

雾霾影响身体健康

雾是“冬季杀手”，加上工业废气、汽车尾气、空气中的灰尘、细菌和病毒等污染物，附着于这些水滴上，对人们身体健康产生重大影响。

1. 对呼吸系统的影响

通过呼吸，霾能直接进入并黏附在人体呼吸道和肺泡中。尤其是亚微米粒子，会分别沉积于上、下呼吸道和肺泡中，引起急性鼻炎和急性支气管炎等病症。对于支气管哮喘、慢性支气管炎、阻塞性肺气肿和慢性阻塞性肺疾病等慢性呼吸系统疾病患者，雾霾天气可使病情急性发作或急性加重，长期处于这种环境，还会诱发肺癌。

2. 对心血管系统的影响

浓雾天气气压较低，会阻碍人体正常的血液循环，引发心血管疾病、高血压、冠心病、脑出血，可能诱发心绞痛、心肌梗死、心力衰竭等，使慢性支气管炎出现肺源性心脏病等。同时，人会产生烦躁情绪，血压自然会有所增高。由于气温较低，一些高血压、冠心病患者从温暖的室内突然走到寒冷的室外，血管热胀冷缩，也会使血压升高，导致中风、心肌梗死的发生，因此心脑血管病患者一定要按时服药，小心应对。

（三）土壤污染与土地退化

土壤污染和土地退化，是我国面临的另一严峻生态问题。随着工业化和城市化快速发展，大量重金属、农药和化肥等有害物质进入土壤，导致土壤污染日益严重。同时，过度开垦、水土流失等现象也加剧了土地退化。这些问题不仅影响农业生产和粮食安全，还对生态环境和人体健康造成潜在威胁。

（四）生物多样性减少

生物多样性是地球生命的基石，然而在我国由于生态环境破坏、过度开发和人类活动的影响，许多物种正面临灭绝威胁。森林砍伐、湿地破坏、野生动植物非法交易等行为，都加剧了生物多样性的锐减。这不仅影响生态系统的平衡和稳定性，还对人类的生存和发展带来潜在风险。

面对如此严峻的生态危机，我国政府和社会各界已采取一系列措施应对。一方面，加强法律法规建设，严格限制破坏生态环境的行为，加大违法成本；另一方面，推动绿色发展和可持续发展，鼓励清洁能源、循环经济和绿色产业发展。同时，加强生态环境保护和修复，如植树造林、湿地保护、野生动植物保护等。此外，增强公众环保意识，倡导绿色生活方式，形成全社会共同参与生态环境保护的良好氛围。

然而，解决生态危机并非一蹴而就，需要政府、企业和公众共同努力，形成合力。政府需加大投入和监管力度，企业要履行社会责任、推动绿色创新，公众应增强环保意识、积极参与生态保护。只有这样，我们才能共同应对生态危机，实现生态环境和经济社会的协调发展。

本章练习

一、名词解释

1. 生态危机
2. 生物多样性
3. 酸雨

二、填空题

1. 生态危机的主要特征包括________、________、________、________和________。

2. 造成生态危机的因素有自然因素和人为因素。自然因素包括________________等自然灾害；人为因素包括________________等。而________是造成生态危机的主要因素。

3. 生态危机的主要特征：________、________、________、________和________。

4. 生态危机影响人类生产，首先，________________；其次，________________；最后，________________。

三、简答题

1. 简述生态危机对人类的破坏性影响。
2. 简述全球酸雨蔓延造成的危害。

第三章
生态文明建设

学习目标

【知识目标】

1. 了解我国生态文明建设的特征与核心
2. 把握生态文明建设的形式与战略
3. 领会生态文明建设的思想与价值

【技能目标】

1. 能够理解并践行习近平生态文明思想
2. 能够分析和评价生态文明建设成就，积极参与生态文明建设

【素质目标】

1. 通过学习生态文明理念，具备关注和尊重环境的态度和责任感
2. 加强生态文明建设法治学习，具备社会责任感和全球视野

【案例导入】

"京津绿肺"上空的科技护航

从事了7年的湿地巡护员工作，王宁有了新"助手"。

5架小型无人机从机巢出发，飞往那些巡护员曾用脚步丈量了一遍又一遍的巡护路线。只需20分钟，无人机"队友"就能飞完王宁日常要行走近三个小时的巡护路程。

这片位于天津市宁河区的国家级自然保护区七里海湿地，不仅是京津唐三角地带最大的天然湿地，碧波下还掩藏着大量古牡蛎等古地质遗迹，是世界三大著名古海岸之一。

一只反嘴鹬在天津七里海湿地自然保护区内休憩觅食
（新华社记者孙凡越　摄）

湿地边长大的王宁，最了解这里如何从生机勃发到严重退化，再到缓慢恢复的历程。

十年前，七里海丰足的鱼蟹和美景，吸引着承包户围“海”养鱼、“割据”湿地，旅游开发的建筑物也不断伸入湿地核心，无序开发让滩涂逐渐裸露，候鸟也越来越少见。

保护，是从2017年开始的。王宁也在这一年，正式成为一名生态巡护员。

历经多年生态保护及理念之变，随着七里海生态修复工程不断推进，湿地生态环境得到根本改善和提升，保护环境的手段也愈发多样。

2024年，七里海湿地自然保护区管委会决定搭建湿地生态系统的高效、精准监控系统，首先引入无人机，对人力难以巡护管理的水域、河道、苇地进行智能巡检。

“这些天上的‘巡护员’，不仅可以及时发现湿地异常，还可以对土壤、空气、温度等进行精准化数据分析。”湿地管委会主任田秀静说。

立秋前后，七里海迎来最美的时节，新的候鸟季即将到来。“我们会通过无人机巡检数据科学调控水位，让不同鸟类更好地觅食。”田秀静说。

最新数据显示，七里海湿地区域鸟类从十年前的182种增加到了258种。“今年，‘老朋友们’会看到一个更加美好的落脚地。”王宁说。

“习近平总书记在全国生态环境保护大会上强调，生态文明发展面临日益严峻的环境污染，需要依靠更多更好的科技创新建设天蓝、地绿、水清的美丽中国。”田秀静说，近年来，天津积极推进湿地保护修复工作，提升湿地生态功能，已经取得显著成效。《天津市湿地保护规划（2022—2030年）》提出，到2025年，天津湿地保有量总体稳定，湿地保护率达到60%。

资料来源：丁锡国，白佳丽.点翠焕彩有新篇：美丽中国建设实践故事.（2024-08-14）［2025-04-18］.https：//www.gov.cn/yaowen/liebiao/202408/content_6968209.htm.

启示与思考：

中国式现代化是人与自然和谐共生的现代化。从天津一片湿地的变化，可以窥见我国推动生态环境治理体系和治理能力现代化的扎实步伐。用更科学、更高效、更精准的治理手段，破解美丽中国建设道路上的生态难题，正成为大家的共识。

第一节　我国生态文明建设的现状

新时代生态文明建设，旨在通过改革经济结构和社会管理方式，科学引导人和自然和谐相处，改变大家对生态保护的观念和做法，形成生态保护和可持续发展相结合的文明发展道路。我国生态文明建设聚焦三个重点：建设美丽中国、坚持人与自然和谐共生、打好污染防治攻坚战。这既彰显时代特色，又契合社会发展和民众实际需求，是破解环境难题、调和民生矛盾的关键方案。

初夏长江巫山段生态图景
（新华社记者王全超　摄）

一、新时代我国推进生态文明建设的必要性

（一）满足经济结构转型的需求

我国粗放型经济发展方式过度关注经济效益，对稀有资源消耗量大，致使生态环境承载力逐年降低。如果放任自然环境持续恶化，终将威胁经济稳定发展和民众生命安全。因此，要摒弃“先发展再治理”的错误观念，从根源上改变经济发展结构，提高生态文明建设实效性。同时，树立“环境保护与经济发展同行”理念，坚持生态可持续原则，满足经济结构转型需求。

（二）满足人民对美好生活的需求

步入新时代，人民对美好生活的向往更趋广泛多元。只有大力推进生态文明建设，走绿色、低碳、节能环保之路，才能满足人民日益增长的美好生活需要，实现人与自然和谐共生。生态环境没有替代品，唯有将人与自然和谐共生奉为根本之策，才能为子孙后代的生态资源与生态权益提供保障，维系代际生态公正。

（三）助力实现民族复兴的中国梦

实现中华民族伟大复兴的中国梦，必须顺应时代大潮，擘画具有中国气派的生态文明建设新图景。当以历史纵深感洞察世界发展新趋势，以全局性视野统筹推进生态文明建设，通过制度创新夯实绿色发展根基，全面彰显社会主义制度的实践伟力与治理效能，为人类生态文明发展贡献新时代担当，持续向世界输出中国生态治理方案与可持续发展智慧。

二、新时代我国生态文明建设现状

我国生态文明建设虽起步晚，但总体发展速度较快。当前，中国特色社会主义步入新时代，生态文明建设已取得阶段性成果，生态环境有所改善，污染物指标和排放量下降，稀有资源总量与开发适配度提升，各项建设举措扎实推进，部分领域环境污染治理成效显著。然而，生态文明建设关乎长远福祉，是场持久战，我国仍存在不少待解难题和潜在挑战。

（一）生态环境仍不乐观

当前，我国生态环境形势严峻，资源环境承载能力弱，生态系统脆弱。一方

面，能源短缺和浪费问题突出。城市化、工业化进程不断加快，直接导致能源生产和消费总量呈现不平衡状态。另一方面，环境污染问题严重。根据《2024年中国生态环境状况公报》，2024年，全国339个地级及以上城市中，222个城市环境空气质量达标，占65.5%；117个城市环境空气质量超标，占34.5%。其中，87个城市细颗粒物（PM2.5）超标，占25.7%；40个城市可吸入颗粒物（PM10）超标，占11.8%；81个城市臭氧（O_3）超标，占23.9%；无二氧化硫（SO_2）、二氧化氮（NO_2）和一氧化碳（CO）超标城市。

（二）生态文明意识薄弱

当前部分人生态意识淡薄，“生态主义”价值观未树立，崇尚“尊重自然”“做环境公民”的社会风气仍未形成。由于生态文明素养不高，部分社会民众思维方式固化，虽然有对美好生活的需要，但是主观上对于绿色消费观念和低碳生活理念容易产生抵触情绪，盲目追求高消费生活。生活中，缺乏对不可再生资源进行节约、回收利用的生态自觉意识，参与城市生态文明建设的积极性、主动性不高。民众有意或无意间做出破坏环境、浪费资源的行为后，对可能产生的生态危机不会自我反思。

（三）生态文明制度欠缺

目前，我国生态文明建设水平仍滞后于社会经济发展，各项制度细则不够完善，尚未形成成熟的生态环境保护制度和法律体系。生态文明制度细则的出台与实施滞后于法律条文的颁布，区域内生态环境保护缺乏协调统一的法律规范。同时，在生态文明制度实施过程中，缺乏行之有效的生态文明引导和监督手段，“散、零、乱”现象较为突出。生态环境监管方式简单粗暴，追责手段单一。生态补偿机制存在缺陷，考核评价机制不健全，投入的人力、物力、财力较少，容易出现制度执行偏差现象，无法产生良好的执法实效性。

绿色行动

“消失”的“神话之鸟”

2023年夏天，连江县东南海域的无人岛四姆屿，再次迎来远方来客。

截至6月底，6对12只中华凤头燕鸥，跟随它们的近亲大凤头燕鸥，自南向北，结群而来，在这里筑巢、产卵。这是近年来中华凤头燕鸥在该繁殖区域记录数量最多的一次。

中华凤头燕鸥，比大熊猫还稀少的物种，踪迹神秘，被称为“神话之鸟”。自1937年最后一次被记录以来，它们曾“消失”63年之久，一度被认为已灭绝，直到2000年才在马祖列岛重新被发现。目前，其全球种群数量仅约200只。

2004年首次在福州发现中华凤头燕鸥后，福建省观鸟协会开始在全省无居民海岛和闽江河口湿地开展中华凤头燕鸥监测和保护行动。在过去的20年里，志愿者们的足迹遍及省内800多个无人岛。每到一处，都要仔细地记录下海岛生境、鸟类资源分布、威胁因素等情况。黄嘴白鹭、黑尾鸥、黑枕燕鸥、粉红燕鸥、褐翅燕鸥等珍稀鸟类，不断出现在他们的调查报告中。

闽江河口湿地中华凤头燕鸥（郑航　摄）

在无人岛上发现中华凤头燕鸥，则源自一次机缘巧合。

2018年9月15日，海峡两岸中华凤头燕鸥保育交流研讨会在福州召开。会上，台北市野鸟学会提供了一份《2016—2017年中华凤头燕鸥卫星定位图》。定位图显示，一只背有卫星定位器的中华凤头燕鸥经常在连江四姆屿出没。9月17日，志愿者们立即行动起来，按图索骥登上了位于连江县东南海域的四姆屿，漫天的大凤头燕鸥形成了一片壮观的“鸥云”。岛上灌木丛与败草间，不少燕鸥蛋隐匿其中。就在大家准备离岛返程时，两只中华凤头燕鸥出现在了鸥群中，在海岛上空不断盘旋。这一画面被志愿者们通过镜头记录了下来。

“这是继马祖列岛后，福建再次在海岛记录到中华凤头燕鸥。”志愿者们激动不已。中华凤头燕鸥多在无居民海岛繁殖，在滨海湿地沙滩上觅食。四姆屿很可能是一个新的繁殖地，但由于当时已过了繁殖季节，无法判断它们是否曾在这里繁殖。

此后，在省林业局的指导下，福建省观鸟协会成立中华凤头燕鸥专项保育小组。追寻“神话之鸟”之路，踏上了新的起点。

而今，四姆屿中华凤头燕鸥保育工作正在继续。志愿者们呼吁，通过划定禁猎（渔）区、禁猎（渔）期，减少垂钓、养殖等活动，减少对中华凤头燕鸥繁殖地的干扰。同时，加大跨区域合作，摸清该候鸟的迁徙路线、繁殖特性、致危因素等，让保护工作更加有的放矢。

资料来源：张辉．20 年坚守，福建观鸟爱好者们追寻和保护“神话之鸟”中华凤头燕鸥．福建日报，2023-08-15.

第二节　理念引领新时代生态文明建设

党的十八大以来，以习近平同志为核心的党中央立足于党和人民事业的长远规划，科学回答了为什么建设生态文明、建设什么样的生态文明、怎样建设生态文明等重大理论和实践问题。在这一进程中，提出了一系列有关生态文明建设的新理念、新思想以及新战略，进而形成了习近平生态文明思想。习近平生态文明思想作为习近平新时代中国特色社会主义思想的重要组成部分，具有丰富的科学内涵。

一、生态文明的历史维度

习近平生态文明思想强调生态文明建设是中华民族永续发展的千年大计，深刻总结了中国传统生态智慧与现代化进程中环境问题的经验教训，体现了对历史规律的深刻把握。

（一）立足本来，从中国历史脉络中寻求生态智慧的支撑

在中国的传统文化中，无论是对于“春耕、夏耘、秋收、冬藏”季节节律的把握，还是“春三月，山林不登斧，以成草木之长；夏三月，川泽不入网罟，以成鱼

鳖之长”的朴素生态智慧，都蕴含着丰富的生态思想。孔子说：“子钓而不纲，弋不射宿。”意思是不用大网打鱼，不射夜宿之鸟。荀子说：“草木荣华滋硕之时，则斧斤不入山林，不夭其生，不绝其长也；鼋鼍、鱼鳖、鳅鳝孕别之时，罔罟毒药不入泽，不夭其生，不绝其长也。”《吕氏春秋》中说：“竭泽而渔，岂不获得？而明年无鱼；焚薮而田，岂不获得？而明年无兽。”这些“取之以时、取之有度”的自然观，至今仍具有重要的现实启示意义。2018 年 5 月 18 日，习近平总书记在全国生态环境保护大会上指出：“中华民族向来尊重自然、热爱自然，绵延 5 000 多年的中华文明孕育着丰富的生态文化。”同时强调保护生态环境、传承中华文化的重要意义。2020 年，习近平总书记在宁夏考察时指出，黄河是中华民族的母亲河。现在，黄河水资源利用率已高达 70%，远超国际公认的 40% 的河流水资源开发利用率警戒线，污染黄河事件时有发生。沿岸各省区都要自觉承担起保护黄河的重要责任，坚决杜绝污染黄河行为，让母亲河永远健康。

知识链接

走进自然保护区

1. 什么是自然保护区？

自然保护区是指对有代表性的自然生态系统、珍稀濒危野生动植物物种的天然集中分布区、有特殊意义的自然遗迹等保护对象所在的陆地、陆地水体或者海域，依法划出的一定面积予以特殊保护和管理的区域。

2. 自然保护区保护什么？

自然保护区以保护包含某个核心对象的陆地及水体为主要任务，所以，自然保护区应该保护的是有代表性的生态系统、珍稀濒危动物的天然集中分布区、水源涵养区、珍贵地质建造、地质剖面和化石产地等。一个国家级自然保护区体系，一般要求保护类型比较齐全、布局比较合理，这样生态效益和社会效益才比较明显。

3. 自然保护区如何分类？

自然保护区分为三个类别：

（1）自然生态系统类自然保护区：以具有一定代表性、典型性和完整性的生物群落和非生物环境共同组成的生态系统作为主要保护对象的一类自然保护区；

（2）野生生物类自然保护区：以野生生物物种，尤其是珍稀濒危物种种群及其自然生境为主要保护对象的一类自然保护区；

（3）自然遗迹类自然保护区：以具有特殊意义的地质遗迹和古生物遗迹等作为主要保护对象的一类自然保护区。

（二）借鉴外来，旨在促进人类社会可持续发展

立足世界文明发展的历史可以看到，生态环境质量直接影响文明发展水平乃至文明的兴衰更替。中国在开展经济社会建设的同时，不断加大生态环境保护力度，提升环境发展指数，推动着整个社会的可持续发展进程。

（三）面向未来，旨在实现中华民族永续发展

建设生态文明不仅对于当代人的生存权益和发展利益至关重要，更关乎后世与中华民族的永续发展。加强生态环境保护、建设美丽中国是一项长远任务。2015 年 1 月 19—21 日，习近平总书记在云南考察工作时指出：“在生态环境保护上一定要算大账、算长远账、算整体账、算综合账，不能因小失大、顾此失彼、寅吃卯粮、急功近利。”展现了中国共产党人治国理政、追求可持续发展的未来意识。

绿色行动

生态公益林

即生态区位极为重要，或生态状况极为脆弱，对国土生态安全、生物多样性保护和经济社会可持续发展具有重要作用，以提供森林生态和社会服务产品为主要经营目的的重点防护林和特种用途林。包括水源涵养林、水土保持林、防风固沙林、护岸林，以及自然保护区的森林和国防林等。

国际森林日

第 67 届联合国大会于 2012 年 12 月 21 日通过决议，确定每年 3 月 21 日为“国际森林日”，号召世界各国从 2013 年开始举办纪念活动，旨在唤起世界各国更加重视保护和发展森林资源，推进全球性植树运动，积极维护生态安全，共同应对气候变化。2025 年国际森林日的主题是“森林：食物的宝贵来源”。

碳汇

碳汇指从空气中清除二氧化碳的过程、活动、机制。它主要是指森林吸收

并储存二氧化碳的多少，或者说是森林吸收并储存二氧化碳的能力。森林碳汇是指森林植物吸收大气中的二氧化碳并将其固定在植被或土壤中，从而减少该气体在大气中的浓度。森林是陆地生态系统中最大的碳库，对降低大气中温室气体浓度、减缓全球气候变暖，发挥着极为重要的独特作用。

二、生态文明的经济维度

（一）社会主义生产的生态目的

社会主义生产既要创造更多的物质财富和精神财富以满足人民日益增长的美好生活需要，也要提供更多优质生态产品以满足人民日益增长的优美生态环境需要。除了促进社会财富的增长，社会主义生产还要让老百姓呼吸上新鲜的空气、喝上干净的水、吃上放心的食物、生活在宜居的环境中、切实感受到经济发展带来的实实在在的环境效益，从而使中华大地天更蓝、山更绿、水更清、环境更优美，走向社会主义生态文明新时代。因此，满足人民群众对优美生态环境的需要，已成为社会主义生产的重要目的之一。

（二）坚持绿水青山就是金山银山

绿水青山就是金山银山，是习近平生态文明思想的核心理念。2013 年 9 月 7 日，习近平主席在哈萨克斯坦纳扎尔巴耶夫大学发表演讲并回答学生们提出的问题时指出：“我们既要绿水青山，也要金山银山。宁要绿水青山，不要金山银山，而且绿水青山就是金山银山。我们绝不能以牺牲生态环境为代价换取经济的一时发展。”这意味着，经济发展（金山银山）与生态保护（绿水青山）之间是矛盾统一的。只要树立生态理性，实现绿色发展，生态保护与经济发展之间便能实现良性互动。

2023 年 8 月 15 日，习近平总书记在首个全国生态日之际作出重要指示强调，“做绿水青山就是金山银山理念的积极传播者和模范践行者”，“为共建清洁美丽世界作出更大贡献”。2024 年 7 月 31 日，中共中央、国务院印发《关于加快经济社会发展全面绿色转型的意见》，对加快经济社会发展全面绿色转型进行系统部署，提出要“牢固树立绿水青山就是金山银山的理念，将绿色转型的要求融入经济社会发展全局”，同时中国要“参与引领全球绿色转型进程”。

中国的生态文明建设成就举世瞩目，并为全球可持续发展带来新的启示。中国共建清洁美丽世界的理念和实践得到国际社会高度肯定，为人类绿色发展事业注入更多宝贵动力。

（三）坚持走绿色发展的道路

2014 年 3 月 7 日，习近平总书记在参加贵州代表团审议时指出：“保护生态环境就是保护生产力，改善生态环境就是发展生产力。让绿水青山充分发挥经济社会效益，不是要把它破坏了，而是要把它保护得更好。”在新时代，我国的经济发展必须坚持新理念，走低碳经济、绿色经济和循环经济的道路。生态文明建设能否成功，从根本上取决于传统粗放型经济结构能否转向现代集约型经济结构，高能耗、高污染发展方式能否转向低能耗、低污染发展方式。2016 年 1 月 18 日，习近平总书记在省部级主要领导学习贯彻党的十八届五中全会精神专题研讨班上的讲话中指出，“坚决摒弃损害甚至破坏生态环境的发展模式和做法，决不能再以牺牲生态环境为代价换取一时一地的经济增长。要坚定推进绿色发展，推动自然资本大量增值，让良好生态环境成为人民生活的增长点，成为展现我国良好形象的发力点”，这样，才能真正促进经济发展、社会进步与环境保护相协调，建设美丽中国。

（四）大力构建和完善生态经济体系

随着我国的经济发展和社会进步，节约资源、保护环境已经由原来的外在压力转化为促进经济社会发展的内在动力。以产业生态化和生态产业化为主导的生态经济体系，既是贯彻新发展理念、实现区域平衡发展、优化产业结构的主旨所在，也是建成高质量现代化经济体系的重要组成部分。生态产业化和产业生态化互利共生，有利于产生经济、社会和生态综合价值，从而为生态环境保护提供有力的物质保障。

绿色行动

传统产业的绿色“蝶变”

“在卫浴产品生产车间，没有工人、没有亮光，生产设备却能自动运转，放在过去，完全不能想象。”说起卫浴企业的发展变化，九牧集团科牧核心部件厂经理杨志阳直感叹。

作为“老卫浴人”，杨志阳对陶瓷卫浴过去的制作过程印象深刻：“那时候，产品烧制现场烟尘滚滚，工人们下班准变‘小黑人’。卫浴行业还是出了名的‘水电大户’，测试马桶、淋浴房的用水白白流走，浪费很大。”

近年来，随着绿色化、数字化新兴技术的应用，九牧集团逐步实现了生产环节的节能减排。

在九牧集团精密注塑车间，数台自动搬运机器人在车间与仓库间穿梭，注塑机台上的机械臂搭载红外摄像头，自动抓取物料。

“绿色改造前，每台注塑机的工位都要装LED照明灯，一条生产线至少要装上百盏。”杨志阳说，“现在‘机器人’干活不需要光，仅这一项一天就能节约1 000度电。不仅如此，工厂屋顶还安装了4.5兆瓦的光伏面板，厂区白天的用电，基本能自给自足。”

在厂区水电管道内等隐蔽的地方，能耗传感器正在监测每一道生产工序的耗能。“每个生产环节用了多少水、多少度电清晰可见。”杨志阳指着5G能源管控可视化大屏上的“年度单台能耗”等数据介绍，通过技术改造，工厂每年节约用电超1亿度，碳减排超1.8万吨。

“在南安，像九牧集团这样通过技术改造，实现降碳、节能、减排的企业还有许多。”福建省南安市工信局局长黄子牙介绍，全市有700多家水暖厨卫企业、10万名产业工人，水暖卫浴是当地支柱行业之一。

2021年至今，南安投入惠企资金1.5亿元引导企业绿色化、数字化发展。目前，当地已有100多家水暖卫浴企业通过绿色化改造实现了节能减排，曾经“高能耗、高污染、高排放”行业的“含绿量”不断提升。

“在《以美丽中国建设全面推进人与自然和谐共生的现代化》这篇重要文章中，习近平总书记明确要求，坚持把绿色低碳发展作为解决生态环境问题的治本之策。”黄子牙说，南安正着力布局数字化卫浴产业园等11个产业园，打造一条长25公里的水暖卫浴绿色产业带，让绿色发展理念更加深入人心。

绿色转型不是“选择题”，而是关乎长远发展的“必修课”。从烟尘滚滚到“景区级”厂区，传统行业正在发生翻天覆地的变化。党的二十届三中全会通过的《决定》指出，“健全绿色低碳发展机制”“加快经济社会发展全面绿色转型”。以智能化、数字化推动传统产业绿色低碳改造，已成为行业趋势。

资料来源：丁锡国，白佳丽.点翠焕彩有新篇：美丽中国建设实践故事.（2024-08-14）[2025-04-18].https://www.gov.cn/yaowen/liebiao/202408/content_6968209.htm.

三、生态文明的政治维度

党的十八大以来，以习近平同志为核心的党中央将生态文明建设纳入“五位一体”总体布局和“四个全面”战略布局，确保其与国家发展全局紧密结合。生态文明建设，坚持以人民为中心，通过解决人民群众关心的环境问题，推动生态惠民、生态利民、生态为民；同时，强化各级党委和政府的生态责任，将生态环境保护纳入干部考核体系，实行“党政同责、一岗双责”。此外，通过法治化手段完善生态环境治理体系，推动绿色发展、循环发展、低碳发展，并积极参与全球生态环境治理，彰显中国在全球生态文明建设中的大国担当。

（一）明确生态文明建设的政治地位

生态文明建设是关系中华民族永续发展的根本大计，也是关系亿万中国人民幸福安康的民生问题。2012 年，党的十八大报告将生态文明建设纳入中国特色社会主义总体布局；2017 年，党的十九大报告提出了建成富强民主文明和谐美丽的社会主义现代化强国目标，将建设生态文明提升为千年大计。2018 年 3 月 11 日，十三届全国人大一次会议通过了宪法的修正案，将新发展理念、生态文明以及美丽中国等内容载入宪法，“推动物质文明、政治文明、精神文明、社会文明、生态文明协调发展，把我国建设成为富强民主文明和谐美丽的社会主义现代化强国，实现中华民族伟大复兴”。从宪法层面进一步提升了生态文明的战略地位，将生态文明建设纳入依法治国方略。这一系列制度创新规定，更加明确地彰显出生态文明建设的政治地位。

（二）加强生态文明建设的顶层设计

社会主义生态文明建设需要加强顶层设计，依靠科学的制度设计实现生态文明的全领域和全过程管理。党的十八大以来，以习近平同志为核心的党中央高度重视生态文明建设，大力推动生态文明建设顶层设计。在中央全面深化改革委员会架构下，设立经济体制和生态文明体制专项小组，负责推进生态文明体制改革，加强相关工作统筹。在此过程中，相继出台《中共中央 国务院关于加快推进生态文明建设的意见》（2015 年 4 月）、《生态文明体制改革总体方案》（2015 年 9 月）、《中共中央 国务院关于全面加强生态环境保护 坚决打好污染防治攻坚战的意见》（2018 年 6 月）以及《全国人民代表大会常务委员会关于全面加强生态环境保护依法推动打好污染防治攻坚战的决议》（2018 年 7 月）等顶层设计方案，明确生态文明建设战略任务。在此基础上，制定并实施 40 余项生态文明建设改革方案，明确生态文明体制改革战略目标和任务，如《关于健全生态保护补偿机制的意见》《关于省以下环保机构监测监察执法垂直管理制度改革试点工作的指导意见》《关于构建绿色金融体系的指导意见》《生态文明建设目标评价考核办法》《关于划定并严守生态保护红线的若干意见》《自然资源统一确权登记暂行办法》《关于健全国家自然资源资产管理体制试点方案》《关于设立统一规范的国家生态文明试验区的意见》《生态环境损害赔偿制度改革方案》等。

（三）加强生态文明领域的制度创新

2016 年 11 月，习近平总书记对生态文明建设作出重要指示强调，“要深化生态文明体制改革，尽快把生态文明制度的‘四梁八柱’建立起来，把生态文明建设纳入制度化、法治化轨道”。从制度等顶层设计层面为生态文明建设提供科学指导。2015 年，中共中央、国务院印发《生态文明体制改革总体方案》，明确提出要以自然资源资产产权制度、国土空间开发保护制度、空间规划体系、资源总量管理和全面节约制度、资源有偿使用和生态补偿制度、环境治理体系、环境治理和生态保护市场体系、生态文明绩效评价考核和责任追究制度等制度为重点，建立起产权清晰、多元参与、激励约束并重、系统完整的生态文明制度体系。同时，全面推进大气、土壤、水污染防治行动计划，大力解决人民群众切实关心的环境问题。

（四）推动生态文明领域的体制改革

党的十八大以来，我国从不同层面大力开展生态文明领域的体制改革，促进生态、资源和环境治理的科学化、有序化。在中央层面，2018 年，中共中央印发《深化党和国家机构改革方案》，组建生态环境部、自然资源部以及国家林业和草原局，整合原有资源和生态环境管理部门的职责，促进生态治理更加有序。在行政系统内部，2016 年 9 月，中共中央办公厅、国务院办公厅下发《关于省以下环保机构监测监察执法垂直管理制度改革试点工作的指导意见》，规划环保部门体制改革，推行省以下的环保部门实现垂直管理。此外，为了加强区域流域生态环境监管，大力推动跨地区环境保护机构的试点建设，同时推行按流域和海域组建环境执法机构。

（五）加强生态文明领域的法治建设

社会主义生态文明建设需要加强法治保障，依靠最严密的法治保障生态文明建设成果。2013 年 5 月 24 日，习近平总书记在十八届中共中央政治局第六次集体学习时的讲话提出："保护生态环境必须依靠制度、依靠法治。只有实行最严格的制度、最严密的法治，才能为生态文明建设提供可靠保障。"1979—2017 年，我国制定和修订 34 部环保单项法律（宪法、刑法除外），50 部行政法规，253 件国务院发布的规范性文件，106 件国家环境保护部门规章，26 件国务院部门有关规章，88 件执法解释，114 件政策法规解读等。

知识链接

什么是"千万工程"？

"千万工程"，即"千村示范、万村整治"工程，指按照人与自然和谐共生、城乡融合发展的要求，以农村人居环境整治为切入点，发挥示范村的引领作用，深化推进环境提升、产业发展、服务优享、文化传承和村庄治理，持续造就万千美丽乡村、造福万千农民群众，推动实现全域共富、城乡和美的系统性、迭代性工程。2003 年，时任浙江省委书记的习近平同志在广泛深入调查研究基础上，立足浙江省情农情和发展阶段特征，准确把握经济社会发展规律和趋势，作出实施"千万工程"的战略决策，在浙江近四万个村庄中选择一万个左右的行政村进行全面整治，把其中一千个左右的中心村建设成全面小康示范村，并以此为龙头，深入推进社会主义新农村建设。2018 年，"千万工程"获联合国"地球卫士奖"。

四、生态文明的文化维度

文化是影响人类行为的内在要素。生态文化发展的程度和水平，直接制约着生态文明的成果和成效。

（一）坚持以红色文化为魂

2018 年 5 月 4 日，在纪念马克思诞辰 200 周年大会上，习近平总书记指出，"学习马克思，就要学习和实践马克思主义关于人与自然关系的思想"。自然界为人类社会的生产和生活提供一切原始资源，是人类生命力、创造力和劳动力的源泉，人类与自然需要和谐共生。自然界与人类的关系不应是对立的，而是在相互交往中同为一体、彼此和谐共生。在工业化和现代化不断深入的今天，必须坚持马克思主义自然观，从人与自然关系的根本逻辑上厘清思路，才能在现代化建设的实践中避免陷入西方国家“先污染后治理”的老路，进而为中国特色社会主义建设提供科学的理念支撑与制度保障。因此，我们必须坚持马克思主义自然观的指导，不断完善社会主义生态文明观。习近平生态文明思想显示了中国共产党人对于正确认识人与自然关系的科学态度。

（二）坚持以中国文化为主体

几千年来，中国人深耕农业，在发展农业的辉煌历史中积累了大量的朴素生态智慧。例如，儒家哲学思想中“天人合一”的自然观、“中和位育”的方法论以及“民胞物与”的道德观等，都彰显了指导人与自然关系的基本文化态度。古代中国即有专门进行资源和环境管理的机构和官员，称为虞和衡。《荀子·王制》也曾论述圣贤之道：“圣王之制也：草木荣华滋硕之时，则斧斤不入山林，不夭其生，不绝其长也；鼋鼍、鱼鳖、鳅鳝孕别之时，罔罟毒药不入泽，不夭其生，不绝其长也……斩伐养长不失其时，故山林不童而百姓有余材也。”由此可见，传统生态智慧在中国古代社会以政治治理、社会治理和生态治理的形式呈现，并科学指导中国传统社会的可持续发展。传统生态哲学思想为今天的生态文明建设贡献了丰富的思想养分。

（三）坚持以生态新人为主

培养社会主义“生态新人”具有十分重要的战略意义。社会主义“生态新人”就是具有高度社会主义生态文明意识、积极投身社会主义生态文明建设的社会主义新人。党的十八大报告要求加强对于生态文明的宣传教育，增强公众的环保意识、节约意识与生态意识，形成合理消费的社会风尚，同时，积极营造爱护生态环境的良好风气。2017 年 3 月 29 日，习近平总书记在参加首都义务植树活动时的讲话中指出：“植树造林，种下的既是绿色树苗，也是祖国的美好未来。要组织全社会特别是广大青少年通过参加植树活动，亲近自然、了解自然、保护自然，培养热爱自然、珍爱生命的生态意识，学习体验绿色发展理念，造林绿化是功在当代、利在千秋的事业，要一年接着一年干，一代接着一代干，撸起袖子加油干。”党的十九大报告进一步提出牢固树立社会主义生态文明观，为保护生态环境做出我们这代人的努力。因此，我们必须大力培养具有生态理性的社会主义公民，推动社会主义生态文明观在全社会落地生根，大力促进人的全面发展。这是建设社会主义生态文化的最终目标。

绿色行动

荷兰治水之道：从“与水斗争”到“与水共生”

荷兰是位于欧洲西部莱茵河、默兹河、斯海尔德河交汇处的低地之国，是世界上遭受洪水、海啸、大潮等水患最严重的国家之一，约60%的国土面积时刻面临着洪水的威胁。作为世界著名的“低洼国”，荷兰自古以来就与水展开了旷日持久的较量，从“与水斗争”到“与水共生”，荷兰人以其独特的理念，构建了一套行之有效的防洪体系。

早在公元1000年左右，荷兰西部便开始了围海造田活动，筑堤、排水的围垦排涝模式持续了几个世纪之久。该模式主要通过各类沟渠收集径流，先积蓄到围垦区内低洼的湖泊之中，然后靠风车或水泵将湖中蓄水排到围垦区堤坝外的北海之中。然而随着16—18世纪荷兰土地持续沉降、海平面不断上升以及农业生产规模不断扩大，使用风车或水泵排水均难以应对因气候与水文环境变化而近乎年年到访的洪涝灾害。发生极端暴雨事件的概率也逐年增高，围垦排涝的传统治水模式亟待转变。

1953年1月31日，一场风速达到10级的风暴从英格兰北上经由北海袭击了荷兰海岸，重要港口荷兰角的水位上涨至比北海平均海平面高出3.85米。许多堤坝因无法承受这样的水位而被冲破，150多个地点出现倒塌。洪涝灾害夺去了近2 000人的生命，4 300所房屋被摧毁，4.3万座房屋受损，损失总额约为54亿欧元。这场灾难让荷兰人深刻意识到其原有防洪体系的不足，并重新审视和反思其防洪策略。随后，“三角洲工程”应运而生，一改以往单纯以筑死堤方式围海、防洪的方式，选择抗涝防洪与生态保护相结合的活动式巨型钢门水闸。通过建设一系列大坝，有效缩短了海岸线，减少了防洪设施的数量，大坝还兼具抵御海潮、排放河水和交通要道等功能。随着时代的发展，荷兰人也意识到工程干预导向的治水措施短期内有效，但从长期看却破坏了生态平衡和导致生物多样性的减少以及55%的湿地资源的丧失。兴建堤坝抵抗外来洪水固然重要，但真正驯服洪水还需依靠大自然的调洪蓄洪能力。

1993—1995年，气候异常、降雨频发，导致荷兰的堤坝溃决事故屡有发生，荷兰人意识到单靠堤防建设难以应对突发风险挑战。这种担忧被1995年1月下旬的洪涝灾害所印证，这场自1953年以来西北欧最严重水灾，使荷兰受灾面积达到170平方公里，25万人迁徙，损失共4亿欧元（主要为迁徙人员安置费用)。1995年水患的严重程度震撼了整个西欧，荷兰的治水理念从此开启了根本性的转变，从“与水斗争”转变为“与水共生”。这一转变的标志性举措是“还地于河”项目，通过降低河滩、加深夏季河床、紧急蓄水与溢流、减少垂直丁坝等手段，恢复河流的自然状态，增强水体自我调节能力，实现人与自然的和谐共生。与此同时，2011年以来，荷兰在国土空间规划中不断强调气候变化自适应和良好城乡景观水治理的重要性，促进了水治理与城市空间规划的融合发展。随着荷兰防汛理念的转变，“与水共生”的综合治理格局开始形成。

资料来源：周洪旭.荷兰治水之道：从“与水斗争”到“与水共生”.(2025-02-17)[2025-04-18].https://www.waterinfo.com.cn/xsyj/tszs/202502/t2025 0217_36775.html.

五、生态文明的社会维度

生态文明的社会维度体现了生态文明建设与民生福祉的紧密结合，是中国特色社会主义事业的重要组成部分。新时代生态文明建设，以人民为中心，强调保障生态环境权益、全民共建共享、生态惠民利民为民、推动社会公平、倡导绿色生活方式，并积极回应人民群众的期盼。

(一)建设生态文明需不断满足人民群众生态环境需要，维护人民群众生态环境权益

在满足人民群众的美好生活需要的过程中，必须大力满足人民群众日益增长的优美生态环境需要。所谓优美生态环境需要，一方面意味着天蓝、水清、山绿、宜居等环境要素；另一方面意味着这是人的需要的新内涵和新要素，在物质和文化等需要中融入了生态环境需要。同时，还必须大力保障人民群众的生态环境权益。人民群众满足自身生态环境需要的权利和能力，即生态环境权益。新时代，满足人民群众生态环境需要、维护人民群众生态环境权益，必须通过提供更多优质生态产品来实现，把我们伟大祖国建设得更加美丽，让人民生活在天更蓝、山更绿、水更清的优美环境之中。这意味着必须进一步推进现代化建设、实现更加均衡和更加充分的发展，也意味着中国推进的现代化只能是也必须是人与自然和谐共生的现代化。

(二)建设生态文明需要全民共建

社会主义生态文明是广大人民群众共同参与、共同建设、共同享有的事业。人

民群众既是历史的创造者，更是推动社会不断进步的强大动力。建设生态文明，从总体上要求构建以政府为主导、企业为主体，社会组织与公众共同参与的综合性环境治理体系。社会主义生态文明建设需要政府立足公共事业的整体规划、主导顶层设计，同时，更需要公众群策群力、积极参与。就公众参与生态文明共建来讲，一方面，作为经济运行的重要一环，公众可以通过改变自身的生活方式、消费方式、思维方式和价值观念，推动经济运行的起始端，实现绿色转型，为绿色经济营造社会空间。在满足生存需求与基本社会需求的基础上，杜绝奢靡需求对于生态环境的破坏。这就需要在全社会倡导简约适度和绿色低碳的生活方式，从而引导公众减少和杜绝奢侈浪费的现象。通过广大公众的绿色选择，通过生态理性的广泛树立，促进经济社会实现绿色转型的目标。另一方面，公众是生态治理体系的重要参与者，可以有效发挥监督作用，辅助构建和完善生态文明法治监管和制度监督的体系框架。通过公众的有效参与和监督，打造科学、合理的环境治理体系，有效推动环境治理能力的现代化。

（三）建设生态文明的成效必须全民共享

生态文明建设为了人民、生态文明建设依靠人民、生态文明建设的成果由人民共享。习近平总书记在 2018 年 5 月 18 日召开的全国生态环境保护大会上强调，良好生态环境是最普惠的民生福祉，坚持生态惠民、生态利民、生态为民，重点解决损害群众健康的突出环境问题，不断满足人民日益增长的优美生态环境需要。生态环境直接关系公众的基本民生问题，所谓蓝天、白云、碧水，既是环境治理的基本目标，更是百姓福祉所在。2018 年 6 月 16 日，《中共中央 国务院关于全面加强生态环境保护 坚决打好污染防治攻坚战的意见》强调，必须加大力度、加快治理、加紧攻坚，为人民创造良好生产生活环境。

生态文明建设集中体现了中国共产党对于人民群众所需、所急、所盼的重视与回应，已经成为我国推进民生建设的优先领域。

课堂互动

厄尔尼诺事件反思

1. 案例展示

厄尔尼诺事件是指发生在赤道太平洋中东部的海水大范围持续异常偏暖现象。当赤道太平洋中东部海区的海水表面温度比常年同期偏高 0.5℃，并持续

3个月以上，就进入“厄尔尼诺状态”；持续6个月以上则确认为一次“厄尔尼诺事件”。发生厄尔尼诺事件时，通过海洋和大气相互作用就会改变正常的大气环流，导致全球气候异常。通常情况下，厄尔尼诺事件发生时，南美沿海国家易遭受暴雨洪涝灾害，印度尼西亚、澳大利亚东部、非洲东南部等地易出现干旱。

2. 分组讨论

问题1：厄尔尼诺事件对我国有哪些影响？试举例说明。

问题2：为什么要保护环境、节约资源？

3. 课后实践

鼓励学生结合生态文明主题，开展绘画、手工制作、科技创新等创意作品制作，并在学校进行展示交流，生动呈现学生对生态文明的独特理解和创意表达。

六、生态文明的全球维度

在建设“富强美丽的中国”的同时，中国也积极致力于建设“清洁美丽的世界”。通过构建人类命运共同体、推动绿色发展、应对气候变化、加强国际合作、提供全球公共产品、倡导公平治理、传播生态文明理念和落实可持续发展目标，为全球生态文明建设贡献中国智慧和中国方案。

（一）树立人类命运共同体理念，共同应对全球生态危机

全球化以及科技、网络的不断发展，已然使庞大的地球缩小为一个“地球村”，这是构建人类命运共同体的客观依据。2013年，习近平主席在博鳌亚洲论坛上发言时谈及，我们生活在同一个地球村，应该牢固树立命运共同体意识。2015年9月出席第七十届联合国大会一般性辩论时，习近平主席再次强调要打造人类命运共同体。党的二十大报告中指出：“构建人类命运共同体是世界各国人民前途所在。万物并育而不相害，道并行而不相悖。只有各国行天下之大道，和睦相处、合作共赢，繁荣才能持久，安全才有保障。中国提出了全球发展倡议、全球安全倡议，愿同国际社会一道努力落实。中国坚持对话协商，推动建设一个持久和平的世界；坚持共建共享，推动建设一个普遍安全的世界；坚持合作共赢，推动建设一个共同繁荣的世界；坚持交流互鉴，推动建设一个开放包容的世界；坚持绿色低碳，推动建设一个清洁美丽的世界。”中国在参与全球生态治理中秉承人类命运共同体理念，以及合作共赢、共同发展的立场和观点，旨在实现国际环境正义，建设共享、包

容、开放、可持续的全球生态体系。

（二）秉承正确的义利观参与全球生态治理，气候治理需坚持“共同但有区别的责任”原则

在全球应对气候变化的进程中，“共同但有区别的责任”原则发端于1972年的斯德哥尔摩人类环境会议，强调保护环境是全人类的“共同责任”。这一原则正式确立于1992年联合国里约环境与发展大会，目前已成为国际谈判中的一项规范用语和基本原则。在全球生态危机当中，目前最为艰难应对的当数气候治理，即如何减缓和适应气候变化的问题。中国一直主张应坚持共同但有区别的责任原则、公平原则和各自能力原则。一方面，发达国家基于先发优势，应该承担相应责任和义务；另一方面，中国也强调发展中国家并非不为应对气候变化做出自身贡献，而要基于自身的能力和要求。因此，在应对气候变化的国际争端中，尤其是基于发展权和排放权的争论当中，中国一贯主张秉承正确的义利观，呼吁处于不同发展水平的国家应该承担不同的责任和义务，倡导世界各国共同努力，共同构建清洁美丽的世界。

（三）积极履行大国责任，彰显负责任大国形象

中国在开展全球生态治理，特别是气候变化治理的过程中，十分注重通过提供援助以及加强南南合作等方式，推动不发达国家不断提高自身治理的能力，进而推动全球生态治理。作为一个发展中国家，在自身探索绿色、低碳、循环经济发展道路的同时，中国积极履行国际公约，不断履行大国责任。2015年9月，在出席联合国发展峰会时，习近平主席谈到，中国将设立“南南合作援助基金”，首期即提供20亿美元，用于支持发展中国家落实2015年以后的发展议程；与此同时，中国将继续增加对最不发达国家投资，力争到2030年达到120亿美元；此外，中国还将设立国际发展知识中心，同各国一道研究和交流适合各自国情的发展理论和发展实践；中国也倡议探讨构建全球能源互联网，推动国际社会以清洁和绿色方式满足全球电力需求。这一系列举动，都彰显了中国的负责任大国形象。

知识链接

什么是《巴黎协定》？

《巴黎协定》（The Paris Agreement）是2015年12月在法国巴黎举行的联

合国气候变化大会（COP21）上通过的一项具有里程碑意义的国际气候协议，旨在应对全球气候变化问题。其核心目标是将全球平均气温升幅控制在 2 摄氏度以内，并努力限制在 1.5 摄氏度以内，以减少气候变化的严重影响。要求各国根据自身国情制定国家自主贡献目标，每五年更新一次，逐步提高减排力度；发达国家承诺向发展中国家提供资金和技术支持，帮助其应对气候变化。通过建立透明度框架和全球盘点机制，确保各国行动的可信度和全球努力的一致性。《巴黎协定》体现了全球合作应对气候变化的决心，推动了绿色转型和可持续发展，中国作为重要参与方，承诺到 2030 年左右实现碳达峰，并努力争取 2060 年前实现碳中和，展现了负责任大国的担当。

习近平主席出席 2015 年气候变化巴黎大会，谈及全球气候治理问题时，积极倡导“四个有利于”，即有利于实现公约目标，引领绿色发展；有利于凝聚全球力量，鼓励广泛参与；有利于加大投入，强化行动保障；有利于照顾各国国情，讲求务实有效。这些原则和倡议集中体现了包容和平、共建共享的人类命运共同体理念。只有基于共创“持久和平、普遍安全、共同繁荣、开放包容、清洁美丽的世界”的人类命运共同体方案，各国才能在全球生态治理的进程中，本着和平互惠、共筑安全、绿色发展和文明有序的立场，共同、积极开展全球生态治理。

第三节 创新生态文明建设的形式

一、促进经济建设转型升级

《生态文明体制改革总体方案》指出，发展必须是绿色发展、循环发展、低碳发展，平衡好发展和保护的关系，按照主体功能定位控制开发强度，调整空间结构，给子孙后代留下天蓝、地绿、水净的美好家园，实现发展与保护的内在统一、相互促进。以科学发展为主题，以加快转变经济发展方式为主线，是关系我国发展全局的战略抉择。坚持走中国特色新型工业化、信息化、城镇化、农业现代化道路，推动信息化和工业化深度融合、工业化和城镇化良性互动、城镇化和农业现代化相互协调，促进工业化、信息化、城镇化、农业现代化同步发展。

（一）全面深化经济体制改革

深化改革是加快转变经济发展方式的关键。经济体制改革的核心在于妥善处理政府和市场的关系，既要尊重市场规律，又要更好地发挥政府作用。要毫不动摇巩固和发展公有制经济，推行公有制多种实现形式，引导国有资本更多投向关系国家安全和国民经济命脉的重要行业和关键领域，不断增强国有经济活力、控制力、影响力。毫不动摇鼓励、支持、引导非公有制经济发展，保证各种所有制经济依法平等使用生产要素、公平参与市场竞争、同等受到法律保护。健全现代市场体系，加强宏观调控目标和政策手段机制化建设。加快改革财税体制，健全中央和地方财力与事权相匹配的体制，完善促进基本公共服务均等化和主体功能区建设的公共财政体系，构建地方税体系，形成有利于结构优化、社会公平的税收制度。建立公共资源出让收益合理共享机制。深化金融体制改革，健全促进宏观经济稳定、支持实体经济发展的现代金融体系，加快发展多层次资本市场，稳步推进利率和汇率市场化改革，逐步实现人民币资本项目可兑换。加快民营金融机构发展步伐。完善金融监管，推进金融创新，维护金融稳定。

（二）实施创新驱动发展战略

科技创新是提高社会生产力和综合国力的战略支撑，必须摆在国家发展全局的核心位置。坚持走中国特色自主创新道路，以全球视野谋划和推动创新，提升原始创新、集成创新和引进消化吸收再创新能力，更注重协同创新。深化科技体制改革，推动科技和经济紧密结合，加快国家创新体系建设，着力构建以企业为主体、市场为导向、产学研结合的技术创新体系。完善科技创新体系，强化基础研究、前沿技术研究、社会公益技术研究，提高科学研究水平和成果转化能力，抢占科技发展战略制高点。实施国家科技重大专项，突破重大技术瓶颈。加快新技术新产品新工艺研发应用，加强技术集成和商业模式创新。完善科技创新评价标准、激励机制、转化机制。推进知识产权战略实施，加强知识产权保护。促进创新资源高效配置和综合集成，把全社会智慧和力量助力凝聚到创新发展上来。

（三）推进经济结构战略性调整

以改善需求结构、优化产业结构、促进区域协调发展、推进城镇化为重点，着力解决制约经济持续健康发展的重大结构性问题。牢牢把握扩大内需这一战略基点，加快建立扩大消费需求长效机制，释放居民消费潜力，保持投资合理增长，扩大国内市场规模。牢牢把握发展实体经济这一坚实基础，实行更加有利于实体经济发展的政策措施，强化需求导向，推动战略性新兴产业、先进制造业健康发展，加快传统产业转型升级，推动服务业特别是现代服务业发展壮大，合理布局建设基础设施和基础产业。

（四）推动城乡发展一体化

解决好农业、农村、农民问题是全党工作的重中之重，城乡发展一体化是解决“三农”问题的根本途径。推进城乡发展一体化，符合经济结构调整升级的发展走向。在经济发展新常态下，投资与消费结构、内外需结构、区域结构、收入分配结构以及经济发展动力结构，都需深度调整。推进城乡发展一体化，不仅可以为这些结构调整提供更大回旋空间、强劲动力支撑，还可完善相关体制机制。可以说，城乡发展一体化既是经济结构调整升级的基础支撑，也是引领经济结构调整升级的重要举措，将有力推动我国经济转型升级。

绿色行动

坚持不懈抓好“三农”工作

“2023 年我收获了 26 万斤稻子，以前想都不敢想。”吉林省白城市镇赉县嘎什根乡一家家庭农场负责人，掰着手指算起丰收账。筛选耐盐碱水稻品种、施用有机肥料、采用水稻机插秧同步侧深施肥等新技术……得益于盐碱地治理和综合利用，昔日的“不毛之地”，变身为“鱼米之乡”。良种落地，良法种田，农机驰骋，从“会种地”到“慧种地”，农业生产不断提质增效，农业日益成为有奔头的大产业，为有效应对风险挑战增信心、添底气。

农业是近两亿人就业的产业，农村是近 5 亿农民常住的家园。习近平总书记强调：“从世界百年未有之大变局看，稳住农业基本盘、守好‘三农’基础是应变局、开新局的‘压舱石’。”不久前，中央经济工作会议部署做好 2024 年经济工作的九项重点任务，“坚持不懈抓好‘三农’工作”是其中重要一项。推进中国式现代化，必须坚持不懈夯实农业基础，推进乡村全面振兴。锚定建设农业强国目标，学习运用“千万工程”经验，有力有效推进乡村全面振兴，我们就能进一步发挥“三农”压舱石作用，为 2024 年经济社会稳定发展奠定坚实的物质基础。

粮食安全是战略问题，手中有粮、心中不慌，在任何时候都是真理。粮食生产年年要抓紧。2024 年是中华人民共和国成立 75 周年，是实现“十四五”规划目标任务的关键一年。确保粮食面积、产量不掉下来，供给、市场不出问题，牢牢把住粮食安全主动权，对做好2024年经济工作，保障国家长治久安具有重要意义。当前，全球粮食安全形势复杂严峻，我国粮食生产既面临气候变化、国际冲突等外部风险，也存在生态压力大等内部挑战。满足国内持续增长的粮食需求，还需着力构建更高层次、更高质量、更有效率、更可持续的粮食安全保障体系。强化科技与改革双轮驱动，加大核心技术攻关力度，加快推进种业振兴行动，在保证种植面积的同时提升单位产量，我们才能把饭碗牢牢端在自己手中。

乡村既是巨大的消费市场，又是巨大的要素市场，是国内大循环的重要组成部分。2023年1—11月，乡村消费品零售额同比增长7.9%，彰显出我国广阔的乡村地区在扩大内需、畅通循环方面的重要作用。从加强高标准农田建设，到做好“土特产”这篇大文章、擦亮“生态牌”这张金名片，从优化消费环境、丰富产品和服务供给，到持续改善农村水电路气房讯等条件，坚持农业农村优先发展，我们就能让国内大循环的空间更广、成色更足，为巩固和增强我国经济回升向好态势释放出强大动能和潜能。

坚持不懈抓好“三农”工作，紧紧扣住增加农民收入这一中心任务，加快实现高水平农业科技自立自强，让广大农民群众在改革中分享更多成果，广大乡村就会实现全面提升，产业兴旺、生态宜居、乡风文明、治理有效、生活富裕的“三农”画卷将更加壮美。

资料来源：尹双红．坚持不懈抓好“三农”工作：扎实做好2024年经济工作⑥．人民日报，2024-01-09.

二、加强生态文明社会建设

（一）努力办好人民满意的教育

教育是中华民族振兴和社会进步的基石。要坚持教育优先发展，全面贯彻党的教育方针，坚持教育为社会主义现代化服务的根本任务，培养德智体美全面发展的社会主义建设者和接班人。全面实施素质教育，深化教育领域综合改革，着力提高教育质量，培养学生创新精神。

（二）推动实现更高质量的就业

就业是民生之本。加强在校学生职业技能培训，提升劳动者就业创业能力，增强就业稳定性。健全人力资源市场，完善就业服务体系，增强失业保险对促进就业的作用。健全劳动标准体系和劳动关系协调机制，加强劳动保障监察和争议调解仲裁，构建和谐劳动关系。

（三）推行生态文明生活方式

积极倡导理性消费，引导绿色消费，自觉减少过度消费对自然环境产生的污染。建立并完善激励购买无公害、绿色和有机产品的政策措施和服务体系，推行绿色采购制度，推进绿色销售，以绿色消费带动绿色生产，以绿色生产促进绿色消费。提倡绿色出行，减少一次性用品使用，养成节约资源和保护环境的生活习惯。

三、开展生态文明文化建设

生态文明是人类社会进步的重大成果，是实现人与自然和谐共生的必然要求。加强生态文明建设，不仅为解决中国当前面临的生态环境问题，更是为谋求中华民族的长远发展；不仅是影响发展的重大经济问题，更是关乎党执政兴国的重大民生问题、社会问题和政治问题；不仅是推动中国自身发展进步的必然要求，更是推动人类社会发展进步的迫切需要。

（一）加强社会主义核心价值体系建设

社会主义核心价值体系是兴国之魂，决定着中国特色社会主义发展方向。要深入开展社会主义核心价值体系学习教育，用其引领社会思潮、凝聚社会共识。推进马克思主义中国化时代化大众化，坚持不懈用中国特色社会主义理论体系武装全党、教育人民，深入实施马克思主义理论研究和建设工程，建设哲学社会科学创新体系，推动中国特色社会主义理论体系进教材进课堂进头脑。广泛开展理想信念教育，把广大人民团结凝聚在中国特色社会主义伟大旗帜之下。大力弘扬民族精神和时代精神，深入开展爱国主义、集体主义、社会主义教育，丰富人民精神世界，增强人民精神力量。倡导富强、民主、文明、和谐，倡导自由、平等、公正、法治，倡导爱国、敬业、诚信、友善，积极培育和践行社会主义核心价值观。牢牢掌握意识形态工作领导权和主导权，坚持正确导向，提高引导能力，壮大主流思想舆论。

（二）全面提高公民道德素质

这是社会主义道德建设的基本任务。要坚持依法治国和以德治国相结合，加强社会公德、职业道德、家庭美德、个人品德教育，弘扬中华传统美德，弘扬时代新风。推进公民道德建设工程，弘扬真善美、贬斥假恶丑，引导人们自觉履行法定义务、社会责任、家庭责任，营造劳动光荣、创造伟大的社会氛围，培育知荣辱、讲正气、作奉献、促和谐的良好风尚。深入开展道德领域突出问题专项教育和治理，加强政务诚信、商务诚信、社会诚信和司法公信建设。加强和改进思想政治工作，注重人文关怀和心理疏导，培育自尊自信、理性平和、积极向上的社会心态。深化群众性精神文明创建活动，广泛开展志愿服务，推动学雷锋活动、学习宣传道德模范常态化。

（三）丰富人民精神文化生活

让人民享有健康丰富的精神文化生活，是全面建成小康社会的重要内容。要坚持以人民为中心的创作导向，提高文化产品质量，为人民提供更好更多精神食粮。坚持面向基层、服务群众，加快推进重点文化惠民工程，加大对农村和欠发达地区文化建设的帮扶力度，继续推动公共文化服务设施向社会免费开放。建设优秀传统文化传承体系，弘扬中华优秀传统文化。推广和规范使用国家通用语言文字。繁荣发展少数民族文化事业。开展群众性文化活动，引导群众在文化建设中自我表现、自我教育、自我服务。开展全民阅读活动。加强和改进网络内容建设，唱响网上主旋律。加强网络社会管理，推进网络依法规范有序运行。开展“扫黄打非”，抵制低俗现象。普及科学知识，弘扬科学精神，提高全民科学素养。广泛开展全民健身运动，促进群众体育和竞技体育全面发展。

（四）增强文化整体实力和竞争力

文化实力和竞争力是国家富强、民族振兴的重要标志。要坚持把社会效益放在首位、社会效益和经济效益相统一，推动文化事业全面繁荣、文化产业快速发展。发展哲学社会科学、新闻出版、广播影视、文学艺术事业。加强重大公共文化工程和文化项目建设，完善公共文化服务体系，提高服务效能。促进文化和科技融合，发展新型文化业态，提高文化产业规模化、集约化、专业化水平。营造有利于高素质文化人才大量涌现、健康成长的良好环境，造就一批名家大师和民族文化代表人物，表彰有杰出贡献的文化工作者。

知识链接

三代塞罕坝人接力打造绿色林海

塞罕坝早年曾是清王朝木兰围场的一部分，同治年间开围放垦，致使千里松林几乎荡然无存，到中华人民共和国成立初期，已经成为一片风沙肆虐的荒山秃岭。面对“风沙紧逼北京城”的严峻形势，1962年，林业部在此建立塞罕坝机械林场。为处理好经济发展与环境保护的关系，林场通过严格管护、科学营林，确保森林资源安全；采用先进技术在荒山沙地、贫瘠山地开展攻坚造林，增加资源储备；减少木材采伐，发展森林旅游观光业、绿化苗木产业及森林碳汇项目，使这片林海逐步成为林场生产发展、职工生活改善、周边群众致富的“绿色银行”。

半个多世纪以来，经过三代塞罕坝务林人的接续奋斗，这里建造起了世界上最大的人工林场——塞罕坝机械林场。据央视新闻报道：林地面积由24万亩增加到115.1万亩，林木总蓄积由33万立方米增加到1 036.8万立方米，增长30倍。

一代接着一代干，终把荒山变青山。2021年8月23日，习近平总书记来到河北省塞罕坝机械林场，深入林区同林场职工代表亲切交流。塞罕坝精神是中国共产党人精神谱系的组成部分，全党全国人民要发扬这种精神，把绿色经济和生态文明发展好。塞罕坝要深刻理解和落实生态文明理念，再接再厉，二次创业，在实现第二个百年奋斗目标新征程上再建功立业。

塞罕坝林场的成功实践雄辩地证明，对于生态脆弱、生态退化地区，只要科学定位，久久为功，自然生态系统完全可以得到修复重建，让沙地荒山变成绿水青山；只要坚持绿色发展，完全可以将生态优势转化为经济优势，让绿水青山成为金山银山。

四、完善生态文明建设法律保障体系

法治是治国理政的基本方式，是推进生态文明建设的重要保障，生态文明建设要融入法律建设的立法、执法和司法各个过程。要深化和推进生态文明体制改革。加强顶层设计，加快制定相关法规制度，完善政策体系，科学划定生态保护红线、环境质量底线、资源利用上线，建立生态环境损害责任终身追究制，建立健全生态补偿机制。再也不能简单以国内生产总值增长率来论英雄了。我们要的是绿色循环、低碳发展的经济，普遍持续、健康繁荣的社会，全面覆盖、功能完善的设施，山川秀美、健康宜居的环境，众望所归、惠民利民的产品，清新舒畅、神清气爽的空气。2013年5月24日，习近平在十八届中共中央政治局第六次集体学习时指出：“只有实行最严格的制度、最严密的法治，才能为生态文明建设提供可靠保障。”社会主义正是通过社会体制的变革，改革和完善社会制度和规范，从而形成有利于生

长江九江柴桑段（无人机照片）（魏东升　摄）

态文明建设的体制机制，为生态文明社会构筑强有力的上层建筑及其一系列制度和法治保障。

以《中华人民共和国环境保护法》（以下简称《环境保护法》）实施为龙头，形成有力保护生态环境的法律法规体系。这是推进生态文明建设的强大武器。2014年修订的《环境保护法》在理念、制度、保障措施等方面都有重大突破和创新，提出促进人与自然和谐的理念和保护优先的基本原则，明确要求经济社会发展要与环境保护相协调。要求建立环境资源承载能力监测预警机制，实行环境保护目标责任制和考核评价制度，建立跨区联合防治协调机制，实行重点污染物排放总量控制和排污许可管理制度，建立环境污染公共监测预警机制。同时，不仅强化政府环境责任和"环境监察机构"的法律地位，还新增专章规定信息公开和公众参与，赋予公民环境知情权、参与权和监督权。《环境保护法》为推进生态文明建设提供有力的法制保障。

本章练习

一、名词解释

1. 新时代生态文明建设
2. 习近平生态文明思想
3. 社会主义"生态新人"

二、填空题

1. 新时代我国推进生态文明建设的必要性包括________________、________________和________________。

2. 党的十八大以来，以习近平同志为核心的党中央将生态文明建设纳入________________总体布局和________________战略布局，确保其与国家发展全局紧密结合。

3. 新时代生态文明建设以人民为中心，强调____________、____________、____________、____________、____________，并积极回应人民群众的期盼。

4. 法治是治国理政的基本方式，是推进生态文明建设的重要保障，生态文明建设要融入法律建设的立法、执法和司法各个过程。以的____________________实施为龙头，形成有力保护生态环境的法律法规体系，是推进生态文明建设的强大武器。

三、简答题

1. 简述新时代我国生态文明建设现状。

2. 结合你的校园生活，谈谈你接触过的生态文明建设实例。

第四章
生态经济建设

学习目标

【知识目标】

1. 了解生态经济的内涵
2. 熟悉生态经济的特征
3. 理解生态经济发展的必要性

【技能目标】

1. 能够简述构建生态经济体系的主要依据
2. 掌握构建生态经济体系的主要任务

【素质目标】

1. 通过学习生态经济知识，能遵循生态学原理和经济规律来指导产业实践
2. 提升热爱自然、关爱环境的素质

【案例导入】

林口：转型升级推动绿色发展

4 月的林口，处处生机盎然，点滴新绿透露其间。

在全面停伐十年间，林口林业局有限公司（以下简称“林口局公司”）广大干部职工以习近平生态文明思想为指引，坚持生态优先、绿色发展，用守护和创新书写了一篇生态建设的崭新答卷。

生态之变：守护绿水青山

林口林区被誉为大小兴安岭的“森林之口”，在“收锯挂斧”后的十年间，林口局公司把工作重心向发挥生态功能、提供生态服务、维护生态安全转移，同时将人力、物力、财力优先向生态保护建设倾斜，保证了停伐后富余职工有活干、有收入。

停伐后，林口局公司先后四次被国家林业和草原局设立为全国森林可持续经营试点单位。为确保森林抚育经营各项任务高质量开展，林口局公司先后制定下发了《森林抚育经营工作方案》《生态保护与修复实施方案》《森林可持续经营试点重点实施方案》《苗圃提档升级实施方案》等系列工作方案，把各项营林生产作业纳入制度化、科学化、规范化管理轨道。

为深入实施林长制，林口局公司制定完成林长制实施方案、实施办法及其他7项相关管理办法、细则，落实管护责任区544个，确保巡林管护横向到边、纵向到底。

“自林长制实施以来，通过不断种树和管护，现在山上树木覆盖率逐年提高，基本实现了全覆盖，林口林区的‘颜值’也在不断提升。”林口局公司场级林长任广欣说道。

与此同时，林口局公司还以林长制为统领，积极开展“护林658”行动，实施山水林田湖草沙一体化保护和修复工程，持续抓好造林绿化、森林可持续经营、碳汇试点、良种基地和苗圃建设工作，不断推动林口林区生态建设向更优更美转变。

产业之变：多元化转型发展

为深入推进生态产业化、产业生态化，林口局公司在稳步推进石材、葡萄酒等传统产业基础上，按照集团党委科学构建生态产业体系工作部署，积极构建了粮、药、鹅、菌等“一场一品”“一局一业”特色生态产业，重点发展大鹅养殖、寒山葱种植带、森林果蔬大棚种植园、拌肥厂等“一业一带一园一厂”产业项目，并积极探索旅游康养产业、鲜食玉米加工、森林食品精深加工等项目，构建起了新兴产业项目发展新格局。

“谁能想到，空气能卖钱。”林口局公司退休干部田良臣不禁发出感叹道。田良臣所说的“空气”，并非真的空气，而是通过逐渐增加的森林蓄积量把大气中的二氧化碳吸收，并把它固定在树木、植物或者土壤中，从而减少二氧化碳气体在大气中的浓度，被称为林业碳汇。

2022 年，林口局公司成为国家级国有林场森林碳汇试点单位之一。通过森林碳汇试点的实施，进一步探索新型遥感技术和传统林学的有效融合机制、科学构建主要森林类型碳储量及碳汇动态预测模型、模拟不同经营措施下增加碳汇的经营决策方案，进而全方位、多角度探索促进国有林区的森林碳汇建设。

有过“油锯一响，黄金万两”的辉煌，也经历过调整转型的阵痛，如今的林口局公司正在走出一条生态优先、绿色发展、“绿水青山”变“金山银山”的新路子。

资料来源：龙江森工林口林业局有限公司 . 林口：转型升级推动绿色发展 .（2024-04-18）[2025-04-18].https：//mp.weixin.qq.com/s?__biz=MzIx MDQzNTU3OQ==&mid=2247577899&idx=3&sn=7e449ff57e3fdd7f2fc1deaee63f98f7&chksm=965e53007a180b2a1eab92305efcb23b5b0c0dbc9d2a500df78dc282a9be636f79014fb6d6ac&scene=27.

启示与思考：

通过林口局公司的实践经验可知，当前，科技创新是生态治理的核心驱动力，生态效益与经济效益也可协同共生，而多学科融合也将是绿色发展的必然趋势。想要以点带面推广成功经验，我们需建立标准化的碳汇计量体系，完善生态补偿机制，同时培育碳交易市场，激发社会资本参与动力。未来，只有将技术创新、政策保障与市场机制有机结合，才能真正实现“绿水青山”向“金山银山”的可持续转化，为全球生态治理贡献中国智慧。

第一节 生态经济概说

一、生态经济的内涵与特征

（一）认知生态经济

生态经济是将经济系统纳入生态系统，实现物质循环、能量转换、信息传递和价值增值的经济形态，它能够使人类经济发展和自然生态系统相互适应、相互促进，从而达到生态与经济两个系统的良性循环和经济、社会、生态三大效益的高度统一。生态经济是实现经济发展与环境保护、物质文明与精神文明、自然生态与人类生态高度统一和可持续发展的全新的经济发展模式，它摒弃了传统经济增长方式中的高投入、高能耗、高污染，避免了人类经济社会发展过程中所出现的生态非经济化、经济逆生态化，以及生态系统和经济系统之间相互对抗所引发的生态经济问题，注重经济增长与生态保护之间的协调，逐渐缓解并克服传统经济模式下因单纯追求经济发展而形成的生态危机，最终实现生态与经济的平衡和持续发展。

实现生态经济，需构建完整的生态经济系统，主要包括三个部分：生态系统、经济系统和技术系统。其中，生态系统是实现生态经济的基础，人类的生产、再生产活动都离不开生态系统，以生态系统提供的能源和资源为依托，生态经济的理念要求发展经济以保护生态系统完整性为前提；经济系统是主体构成，实现经济发展是人类生产活动的最终目的，构建完整的经济系统以推动经济的发展，是促进社会进步的中心；技术系统是实现生态经济的桥梁和纽带，利用现代科学技术，将生态系统和经济系统有机结合，只有不断优化技术系统，才能达到生态环境和经济发展的平衡。

知识链接

森林永续利用理论

卡洛维茨被德国人奉为“森林永续利用理论的创始人”。1713 年，德国出现第一次“木材危机”，卡洛维茨提出人工造林的思想，他指出：“努力组织营造和保持能被持久的、不断利用的森林，是一项必不可少的事业，是这个国家最伟大的艺术和科学。”其倡导森林永续利用，旨在追求最高木材产量的持续性和稳定性。

森林资源永续再生性

森林资源有别于矿藏等其他自然资源，属于可再生自然资源，具备在一定条件下的再生性。森林采伐后，若能及时更新，便可实现再生；只要合理开展森林经营活动，就能永续、均衡地满足社会对木材和其他林副产品以及各种有益性能的需要。森林资源主要通过采伐和造林这两种主要形式发生动态变化，需妥善处理采和育的关系。一旦采育失调，采伐量远超培育量，会使森林资源陷入危机，难以维系森林的可持续发展。

（二）生态经济的特征

1. 持续性

生态经济的持续性，强调在时间和空间上实现均衡发展。开展经济活动时，不仅要考虑目前的收益，还应考虑对后代发展的影响，合理使用资源，避免过度开发，实现可持续发展：满足当代人需求的同时，不损害后代人满足需求的能力，推动经济效益、环境效益、社会效益三者协同统一。

2. 协作性

开展人类活动时，应当考虑生态系统和经济系统的协调性，促进二者和谐发展，这是实现生态平衡和经济发展共赢的基础。生态系统和经济系统既相互独立又相互联系，协调发展是构建体系的先决条件。只有让生态系统和经济系统建立稳定联系，持续进行物质、能量、信息等方面的交互，推动二者融合，才能确保它们均衡发展。

3. 高效性

生态经济的高效性，主要体现在资源高效利用及生态环境改善上，一方面，生态经济追求低耗、高效的资源利用方式，通过技术进步和优化资源配置，提高资源的产出效率和社会经济的支撑能力，最大程度地减少资源浪费和环境污染，实现经济效益最大化。另一方面，生态经济注重生态环境优化，通过生态保护和修复，提高生态系统的稳定性和生产力，为经济社会发展筑牢生态根基。因此，我们应当持续优化产业结构、促进产业升级，合理高效利用资源，实现人与自然和谐发展。

二、生态经济发展的必要性

良好生态环境，既是自然财富，也是经济财富。当前，迫切需要转变经济发展模式，由粗放式发展转变为集约式发展，用生态理性制约经济理性，大力发展生态经济，实现人与自然、人与人、人与社会的和谐统一。

要实现经济发展与环境保护协同共进，必须大力发展生态经济。这是人类社会为解决经济发展与生态环境的矛盾，探索出的新路径与新理念。如今，生态经济正渐受人们重视，生态经济要求把生态环境的成本纳入成本范畴，规范生产和消费行为。生态经济的增长必须遵循生态保护原则，生产和消费要以不破坏环境为前提。生态经济是一种系统思维，注重经济发展和生态环境等各方面的协调统一，是实现人与自然和谐共生的绿色、可持续发展之路。

深入学习贯彻习近平新时代中国特色社会主义思想，必须大力发展生态经济。通过我国数十年来的建设和发展实践，可以看出，经济要实现可持续发展必须改变原来的经济发展方式，坚持不以牺牲环境为代价的生态经济模式，因此，在新的历史时期，我们必须全面贯彻落实党的二十大精神，深入学习贯彻习近平新时代中国特色社会主义思想，大力发展生态经济，实现社会又好又快的高质量发展。2013年4月10日，习近平总书记在海南考察工作结束时的讲话中指出："纵观世界发展史，保护生态环境就是保护生产力，改善生态环境就是发展生产力。"坚决贯彻落实"绿水青山就是金山银山"的发展理念。"绿水青山"是人类社会赖以生存和发展的自然禀赋和环境的形象比喻。"金山银山"是指人类社会的经济繁荣和发展。绿水青山和金山银山是辩证统一的关系，良好的生态环境就是经济发展不可替代的重要资源。绿水青山和金山银山统一的实践就是大力发展生态经济。只有坚持发展生态经济，才能实现生态环境保护与经济发展相统一，协调好生态环境和经济发展之间的关系。

发展生态经济也是保护环境和社会经济全面高质量发展的必然要求。以绿色转型为驱动，助力全球可持续发展。要建立绿色低碳循环经济体系，把生态优势转化为发展优势，使绿水青山产生巨大效益。在新时代，必须转变经济发展方式，发展资源节约型和环境友好型经济。2018年5月18日，习近平总书记在全国生态环境保护大会上指出："对突破生态保护红线、环境质量底线、资源利用上线三条红线，仍然沿用粗放增长模式、吃祖宗饭砸子孙碗的事，绝对不能再干，绝对不允许再干。”

党的二十大报告指出，人与自然是生命共同体，无止境地向自然索取甚至破坏自然必然会遭到大自然的报复。我们坚持可持续发展，坚持节约优先、保护优先、自然恢复为主的方针，像保护眼睛一样保护自然和生态环境，坚定不移走生产发展、生活富裕、生态良好的文明发展道路，实现中华民族永续发展。

2020 年 9 月 22 日，习近平主席在第七十五届联合国大会一般性辩论上的讲话中指出：“中国将提高国家自主贡献力度，采取更加有力的政策和措施，二氧化碳排放力争于 2030 年前达到峰值，努力争取 2060 年前实现碳中和。”习近平主席的这一重大宣布，受到国际社会的普遍赞誉。

知识链接

低碳发展理念

低碳发展是在国际可持续发展理论基础上建立起来的。随着人类对生态环境的认识进一步加深，可持续发展也由最初的生态环境治理，逐渐发展到绿色经济和低碳经济。低碳发展不仅包括传统的局部环境问题，还包括区域性问题和全球性问题。当前，各个国家都在为实现可持续发展而努力，我国也在加快建立绿色生产和消费的法律制度和政策导向，建立健全绿色低碳循环发展的经济体系。

低碳发展不但能够提升绿色发展水平，也是国家推进生态文明建设的实际需要。中国作为一个负责任的发展中国家，在 2014 年的《中美气候变化联合声明》中明确提出，中国碳排放将不晚于 2030 年达到峰值，非化石能源在 2020 年占比达到 20%。在 2015 年，我国作为《联合国气候变化框架公约》缔约方，宣布“中国国家自主贡献”目标。根据文件，到 2030 年，中国单位国内生产总值二氧化碳排放量比 2005 年下降 60%～65%。

近年来，发展低碳经济，开发利用新能源的关键技术，在实现减排目标的同时，转变发展模式，实现人与自然的和谐发展成为当务之急。中国要想实现经济持续、健康、快速发展，建设资源节约型、环境友好型社会，就必须发展低碳经济，其中最重要的就是掌握低碳技术，调整能源消费结构，实现产业结构的优化升级。

第二节 生态经济理论和实践发展

一、构建生态经济体系的主要依据

生态经济是生态文明的经济表现和经济表征。构建生态经济体系既是生态文明建设的题中之义，也是实现高质量发展的基本要求。

（一）构建生态经济体系的理论依据

“绿水青山就是金山银山”的理念，是打造生态经济体系的理论基础。绿水青山能否转化为金山银山，关键在人，在思路，取决于能否把自然优势转化为经济优势。生态经济是将绿水青山和金山银山联系起来的桥梁和纽带。2005 年 8 月 24 日，习近平同志在《浙江日报》专栏《之江新语》发表的《绿水青山也是金山银山》指出：“我省‘七山一水两分田’，许多地方‘绿水逶迤去，青山相向开’，拥有良好的生态优势。如果能够把这些生态环境优势转化为生态农业、生态工业、生态旅游等生态经济的优势，那么绿水青山也就变成了金山银山。”由此可见，“绿水青山就是金山银山”的发展理念，客观上要求建立生态经济体系。

（二）构建生态经济体系的实践依据

在全球性生态危机的背景下，绿色经济已成为全球经济发展的重要趋势。随着我国社会主要矛盾的变化，实现高质量发展成为我国经济发展的必然选择。2023

年6月，习近平总书记在内蒙古考察时进一步强调："完整、准确、全面贯彻新发展理念，紧紧围绕推进高质量发展这个首要任务，以铸牢中华民族共同体意识为主线，坚持发展和安全并重，坚持以生态优先、绿色发展为导向，积极融入和服务构建新发展格局。"党的二十届三中全会提出，"高质量发展是全面建设社会主义现代化国家的首要任务"。实现这一任务的根本保障在于坚持绿色发展，使绿色成为高质量发展的底色。

绿色循环低碳发展是当今时代科技革命和产业变革的方向，属于极具前景的发展领域。我国在此方面潜力巨大，可以培育诸多新经济增长点。绿色发展旨在促进资源能源、生产和消费等要素协同共进，实现经济社会发展与生态环境协调统一。因此，绿色发展既是新发展理念的重要构成要素，也是在经济新常态下，构建高质量现代化经济体系的必然选择。可见，实现绿色发展，亟须打造生态经济体系。

课堂互动

案例探究：让生态"高颜值"变经济"高价值"

1. 案例展示

种养结合、互相滋养的"稻蛙共生"模式，为江西共青城泽泉乡带来了"1+1>2"的效益；全国首单水土保持生态产品价值转化交易在浙江落地，交易额达 3 328 万元；山东"负碳海岛"灵山岛省级自然保护区，生态产品核算总值近 6 亿元……从陆地到海洋，从动物到植物，通过生态产品价值实现机制，一场点"绿"成"金"的创新实践正在全国加速铺开。

清澈的河流、翠绿的森林、碧蓝的天空、多姿多彩的生物群落，共同绘就了美丽的生态画卷。美丽生态不仅是大自然馈赠的视觉盛宴，更是一座座蕴藏着无尽财富的宝藏。挖掘美丽生态环境背后所蕴藏的巨大经济价值，推动绿水青山转化为"金山银山"，关键在于创新践行"两山"重要理念，加快落实相关政策，树立长期效益观和生态平衡观。发挥市场机制作用，探索生态产品价值实现路径，引领经济社会发展的绿色转型，依法开展生态资源保护利用，将生态保护与经济发展有机结合起来。

2. 案例讨论与思考

问题 1：政府在促进生态经济发展方面的政策措施有哪些？

问题 2：你认为个人和企业在推动生态经济发展中有哪些责任与担当？

二、构建生态经济体系的主要任务

构建生态经济体系，落实到实践中，就是建立健全以产业生态化和生态产业化为主体的绿色经济体系。生态文明体系的构建需要以生态经济体系为支撑，从而实现经济、社会与环境的协调和可持续发展。应在全国范围内设立统一规范的国家生态文明试验区；推动各产业充分利用资源进一步实现节约、集约以及循环利用；全社会大力发展循环经济，实施循环发展引领计划。在此基础上，以提高环境质量为核心，在经济发展过程中，既要提高资源利用效率，又要扎实为人民群众提供更多优质生态产品。在搭建生态经济体系的基础上，协同推进并实现人民富裕、国家富强、中国美丽。

2024 年 1 月 31 日，习近平总书记在中共中央政治局第十一次集体学习时的讲话中指出："加快绿色科技创新和先进绿色技术推广应用，做强绿色制造业，发展绿色服务业，壮大绿色能源产业，发展绿色低碳产业和供应链，构建绿色低碳循环经济体系。"产业生态化与生态产业化，是同一系统的两个不同构成方面，二者相辅相成，共同构成了生态经济体系。

（一）大力实现产业生态化

所谓产业生态化，指的是在产业的组织和管理过程中，按照构建绿色发展、低碳发展和循环发展的发展方向，通过使用绿色技术促进资源和能源的节约使用，对产业的整个生产流程进行生态化组织和管理，进而实现产出增加和环境友好的产业目标。产业生态化的基本特征，体现为资源能源利用效率高、污染物排放少、生态效益良好，既包括环境友好的新兴产业，也包括需要进行绿色技术改造的传统产业。通过产业生态化改造，可以实现产业绿色化发展，形成良好的经济效益和社会效益。

（二）大力实现生态产业化

生态产业化是指按照产业发展规律，借助市场化手段连接生态与市场，通过积极转化生态要素提供优质生态产品和服务，进而促进三大产业与生态环境的良性互动，以市场带动生态资源的保护性利用与保值、增值。生态产业化印证的正是"绿水青山就是金山银山"的理论，根据区域生态资源的布局，按照生态保护优先、合理有序开发的原则逐步实现生态产业化发展。为引导和促进全国生态旅游的发展，环境保护部和国家旅游局于 2012 年联合下发《国家生态旅游示范区建设与运营规范（GB/T 26362—2010）评分实施细则》，于 2024 年 7 月 1 日下发《国家级生态旅游区运营管理规范》（GB/T 26362—2024），对生态旅游示范区进行规范化管理，以促进行业健康发展。2017 年，环境保护部和国家发展改革委联合下发《生态保护红线划定指南》，为生态旅游示范区的运营进一步起到指导和规范作用。环境保护部还联合国家旅游局于 2017 年推动建立 72 个国家生态旅游示范区，旨在进一步促进资源开发与环境保护，有效推动旅游业转型升级。

知识链接

绿色消费应有更宽广视野

当前，倡导绿色消费理念、推动绿色低碳循环发展、促进经济社会发展全面绿色转型，既是刺激消费扩大内需、满足人民对美好生活需要的重要战略举措，也是促进经济健康可持续发展，实现高质量发展的根本之策。《中国低碳经济发展报告蓝皮书（2022—2023）》显示，2022 年全国万元国内生产总值（GDP）能耗比上年下降 0.1%、万元 GDP 二氧化碳排放下降 0.8%，这意味着节能降耗减排正在稳步推进，绿色消费理念逐步深入人心，促进绿色消费相关工作也取得积极进展。

绿色消费是各类消费主体在消费活动全过程贯彻绿色低碳理念的行为。随着我国居民消费从主要解决“有没有”向实现“好不好”转化，消费多元化、品质化、个性化特征日益显现。一段时间以来，各地方通过推出美丽乡村、休闲生活、品牌消费、品质消费等消费场景，有意识地培养消费者在衣、食、住、用、行等方面形成绿色消费行为习惯，通过需求端的有力拉动，带动了消费品全生命周期的绿色低碳转型。一些促进绿色生产和绿色消费的法律法规纷纷完成制定与完善，从顶层设计层面有力地支持了绿色消费发展，提升了消费者对绿色产品和服务的认知和认同。

同时，一些问题也是不容忽视的。比如，绿色低碳循环发展的生产流通体系有待健全、有关促进绿色消费的相关政策缺乏连续性、绿色发展内生动力不足、市场竞争力不足等。如何有效解决？应多措并举，以更加宽广的视野谋划促进绿色消费，并以此推动绿色低碳循环发展。

其一，发挥我国超大规模市场优势。积极鼓励企业采用环保材料和制造工艺，加强环保标准和监管，建立绿色纺织品认证制度，提高产品质量和竞争力，引导消费者选择绿色纺织品和服装；大力推广有机农业和畜牧业，提高农产品质量和安全，减少农业污染，推广节约型、环保型餐饮方式，鼓励绿色食品消费；发挥经营主体关键作用，鼓励企业采用可再生材料、节能环保技术和建筑节能设计，加强建筑垃圾处理和回收利用，减少建筑污染，同时，引导消费者选择绿色建材和家居用品。

其二，采取多种措施激发全社会生产和消费绿色低碳产品的内生动力。加强教育和宣传，培育和推广绿色消费文化。增强绿色产品和服务的信息公开与披露，通过网络、媒体和其他渠道向消费者宣传和介绍绿色产品与服务的环保性质和价值。建立相关机构和统一的认证标准体系，对绿色产品和服务进行审核、认证，确保绿色产品和服务的认证标准具有权威性和可信度，提高消费者的信心和满意度。

其三，提高绿色低碳产品市场占有率。鼓励市场自发进行消费领域业态调整、场景创新、品牌更新、数字赋能。从供给侧发力，通过政策激励引导企业提升绿色创新水平，大力推行绿色设计和绿色制造，加强低碳零碳负碳技术、智能技术、数字技术等研发推广和转化应用等。通过税收和财政支持，鼓励金融机构开展绿色信贷、绿色债券等绿色金融业务，吸引更多的资本流向绿色产业和环保项目，鼓励企业生产和销售绿色产品和服务，减轻消费者购买绿色产品和服务的经济负担。加强示范引领作用，建立绿色消费示范区和绿色消费品牌，带动绿色消费发展和推广，充分发挥价格机制作用，推行更多市场化激励措施。

资料来源：汪彬，刘璐．绿色消费应有更宽广视野．经济日报，2023-05-31.

三、构建生态经济体系的主要举措

落实生态文明建设要求，深入推进绿色发展、循环发展、低碳发展，是推进生态经济体制建设的重要战略路径，对于促进社会经济转型，产业结构优化升级有着重要意义。做好顶层设计和相关制度建设，平衡经济发展和环境保护关系，在全社会树立“绿水青山就是金山银山”的价值观念，对迈向生态文明至关重要。

（一）提高全民生态意识

推进我国生态文明建设，需妥善处理人与自然资源、人与能源气候、人与生态环境的关系，首先应解决思想与价值观层面的认知问题，做到理念先行、认识先行。绿色发展作为生态文明建设的必经之路，包含低碳发展、循环发展。新发展理念中，应大力普及和践行绿色发展、循环发展、低碳发展理念，这是化解国家自然资源紧缺与生态环境难题的起点与重点。

（二）全面强化规划引领

规划是顶层设计的重要手段，主要体现为一定时空范围内的战略部署、总体谋划、重大安排和远景展望。开展顶层设计，要立足“五位一体”全局，按照生态文明建设要求，提前做好系统规划，将绿色、循环、低碳的思路和理念，贯穿工作全过程。

（三）加快构建绿色发展制度体系

在绿色发展框架下，重点推进自然资源确权登记，明确自然资源权属体系，逐步发挥市场机制作用，更高效保护和开发自然资源。加速建立以环境容量和资源禀赋为基础的环境承载力预警和监测机制，保障生态功能落地。同时，综合应用行政、经济等手段，改善区域生态环境状况。

（四）促进低碳发展制度体系建设

制定产业低碳化发展政策，积极推进产业结构调整，加强太阳能、风电等清洁能源开发利用，推进能源供给体系低碳化，强化电力等行业低碳发展推进力度。开展低碳城市试点，科学制定合理碳排放量目标，逐步建立全国性碳排放权交易市场，并出台相应制度措施，保障市场有效运行。

（五）聚焦城市，推进循环发展制度体系建设

随着我国城市化进程不断加快，大中小城市规模不断扩大，城市人口快速增长，城市面临的废弃物处理压力与日俱增。应对这一挑战，必须加强制度建设，特别是针对城市典型废弃物（如生活垃圾、建筑废料、污泥、废旧纺织品等），建立健全分类、回收和处理责任体系，确保废弃物高效规范回收利用。同时，工业园区对经济发展至关重要，推动园区循环化改造管理制度，是实现循环发展的关键。未来，应逐步建立适用于各类园区的循环化改造模式、管理模式和支持技术的制度体系，通过实施生产者责任延伸制度，推动废弃产品有序回收和高效利用，促进产品生态设计，进一步推动绿色产业体系构建。

绿色行动

“一湖清水”鄱阳湖——生态与经济的互促

鄱阳湖，古称彭蠡泽、彭泽、官亭湖、扬澜、担石湖等，位于江西省，是长江中下游主要支流之一，是中国第一大淡水湖，也是中国第二大湖，流域面积 16.22 平方公里。

鄱阳湖是我国重要的生态功能保护区，是世界自然基金会划定的全球重要生态区，承担着调洪蓄水、调节气候、降解污染等多种生态功能，在我国乃至全球生态格局中都有着十分重要的地位。鄱阳湖生态经济区的发展定位是：建设全国大湖流域综合开发示范区、长江中下游水生态安全保障区、加快中部崛起重要带动区、国际生态经济合作重要平台。

本章练习

一、简答题

1. 简述生态经济的定义及主要特征。

2. 生态经济与传统经济增长方式相比，有哪些显著的区别？

3. 在全球性生态危机背景下，我国构建生态经济体系的实践依据有哪些？

二、实训题

1. 选择你所在地区的一个小型企业，分析该企业目前的生产模式，判断其是否符合生态经济的理念。如果不符合，请提出至少三条基于生态经济理念的改进建议，并说明这些建议可能带来的生态、经济和社会效益。

2. 假设你是社区环保宣传志愿者，根据提高全民环保意识的要求，设计一份以“普及绿色、循环、低碳发展理念”为主题的宣传活动方案，包括活动目的、活动内容、宣传方式以及预期效果评估。

第五章
生态文化建设

学习目标

【知识目标】

1. 掌握生态文化的核心内涵
2. 领会生态文化的本质特征
3. 理解生态文化建设的时代价值

【技能目标】

1. 能够简述生态文化产业结构的创新
2. 能够简述生态文化产业发展模式的创新

【素质目标】

1. 通过学习生态文化知识，学会用科学的态度认识生态文化
2. 通过开展生态文化的研究与探索，建立科学的生态思维理论

【案例导入】

云南曼远村：村庄与自然和谐相处的生动样本

云南西双版纳景洪曼远村是一座自然淳朴、保存完整的傣族村落，距今约 1 300 年的历史，傣语称“竜远召勐”。曼远村先后荣获“中国十大最美乡村”“中国传统村落”“云南省旅游名村”等称号。村寨依山傍水、风景秀丽，文化底蕴深厚，传承有慢轮制陶、傣族造纸等非物质文化遗产，是美丽乡村建

设的典型示范。

曼远村宛如一颗璀璨的明珠，镶嵌于西双版纳的青山绿水间，“竜林祭祀”的自然崇拜保护了水源和生物多样性，以其独特的相处方式，诠释着村庄与自然的和谐共生之道。

曼远村的房屋建筑，是人与自然亲密对话的见证。村民们巧妙地利用当地的竹木资源，搭建起一座座质朴而坚固的民居。这些建筑依山傍水，与周围的自然景观相得益彰，宛如从大地母亲的怀抱中自然生长出来一般，不仅为村民营造出舒适的居住空间，更成为一道道独特的风景线，吸引众多游客前来观赏。

在农业生产领域，曼远村更是将自然规律奉为圭臬。村民们坚守传统农耕文化，精心培育本地的传统农作物，如稻谷、玉米等。他们拒绝化学农药和化肥，采用牛羊粪便等天然肥料滋养着脚下的土地。这种顺应自然的耕作方式，不仅保障了农产品的绿色、健康，还让土地得以在四季轮回中休养生息，维持生态平衡与活力。

生态保护在曼远村同样被置于至关重要的地位。村民们自发组织起来，定期清理村中河道，守护着这一方清澈的水源。对于村里的古树，他们更是倍加珍视，将其视为村庄的守护神。这些古树历经风雨，枝繁叶茂，为村庄遮风挡雨，也为众多鸟类打造了温馨家园。每当日落时分，鸟儿们在古树枝头欢快地歌唱，与村民们劳作归来的身影相互交织，勾勒出一幅宁静而美好的乡村生活图景。

曼远村与自然的相处模式，为我们呈上宝贵的借鉴与启示。在现代社会，我们应深刻领悟曼远村的智慧，学会尊重自然、顺应自然、保护自然。

在发展的道路上，曼远村围绕村民居住需求和游客旅游需求，不断探索精神文明和乡村旅游融合发展模式，立足“寻觅乡愁”引导村民对乡村文化产生认同感和归属感。以农文旅融合发展为主题，打造少数民族特色、非遗旅游体验基地及节庆活动项目，集合村寨景色、院落休闲、文化体验、特色美食、民俗活动等旅游资源，吸引全国各地的游客到来。据统计，2023 年累计接待研学团队 30 个，国内外游客 20 多万人，人均纯收入超 4 万元，村集体综合创收 40 万元。旅游发展不仅促进各民族广泛交往、全面交流、深度交融，也为群众和村集体经济增收开辟新路径，向各民族共同富裕坚实迈进。

资料来源：景洪发布．勐罕镇曼远村：建设百姓家门口的“精神家园”．(2024-08-13)[2025-04-21]．https：//mp.weixin.qq.com/s?__biz=MzAwNzE3OTkwOQ==&mid=2652026981&idx=2&sn=5a1a968575391a36e89725faa1660f63&chksm=811ece7c34f42c66ebddc96f6f4ebe6f43917370e19aafdf65e36d30256ff9c671a5f0bdefad&scene=27；张鸿萍，张鑫，钱江月，等．【“象”往之地的绿野之歌】景洪曼远村：织就时光深处的傣家梦．(2024-08-01)[2025-04-21]．https：//yn.yunnan.cn/system/ 2024/08/01/033168742.shtml.

启示与思考：

西双版纳曼远村用千年智慧书写了一部活态生态文化史。村寨外围的“竜林”神山，不仅是傣族自然崇拜的载体，更是涵养水源、调节气候的生态屏障。村民以“林—田—水—寨”的共生逻辑，构建起“稻作—鱼塘—竹楼”循环系统，将生产活动嵌入自然节律。秉承“人谦于天”的生存哲学，使传统“竜林”文化转化为现代水源保护地，证明生态智慧从不是发展的枷锁，而是永续发展的基因密码。

曼远村的实践揭示了生态文明建设的双重维度：既要激活文化根系中的生态伦理，又需构建现代转化机制。当“竜林祭祀”被赋予生物多样性保护功能，当傣锦纹样成为生态旅游 IP，传统文化便不再是博物馆标本，而是生态治理的活性酶。这种“传统再造”的智慧，揭示了生态文明建设需在文化认同中培育行动自觉，在制度创新中释放生态红利，最终让守护绿水青山成为流淌在血液中的文明自觉。

第一节 生态文化概说

一、生态文化的内涵

生态文化蕴含着人类生态文明建设中的智慧、价值追求和审美情趣，强调的是人类与自然环境之间的和谐关系以及保护生态环境、促进可持续发展等方面的生活方式、思维方式、价值观念等。

2018 年 8 月 21 日，习近平总书记在全国宣传思想工作会议上的讲话中指出："中华优秀传统文化是中华民族的文化根脉，其蕴含的思想观念、人文精神、道德规范，不仅是我们中国人思想和精神的内核，对解决人类问题也有重要价值。"2022 年 5 月 27 日，习近平总书记在中共中央政治局第三十九次集体学习时的讲话中指出，"中华优秀传统文化是中华文明的智慧结晶和精华所在，是中华民族的根和魂，是我们在世界文化激荡中站稳脚跟的根基"。综观绵延 5 000 多年的中华文明，很早就饱含着敬畏自然、尊重自然、顺应自然和保护自然的生态智慧，蕴含"生"的哲学。在它们的共同作用下，中华民族形成尊重自然、顺应自然、道法自然、保护自然的民族基因，并使中华文明在漫长的农业文明中，整体上维护人与自然和谐、动态的相对平衡。

（一）生态文化要求我们树立正确的自然观

在传统的人类中心主义观念中，自然往往被视为人类征服和改造的对象。然而，从生态意识层面来看，生态文化告诉我们，人类只是地球生态系统中的一员，与其他生物和自然要素相互依存、相互影响。正如我们所熟知的蝴蝶效应，自然界中一个微小的变化都可能引发一系列连锁反应。因此，我们需要摒弃狭隘的人类中心主义，树立平等、共生的生态意识，认识到保护自然就是保护人类自身。

（二）生态文化应该建立良好的生态道德

生态道德是人类在开发利用自然资源时的行为准则。在生态文化的视野下，人类对自然的索取应当遵循可持续发展原则，不能过度开发、破坏生态平衡。例如，过度捕捞会导致渔业资源枯竭，破坏海洋生态系统的稳定；乱砍滥伐森林会引发水土流失、气候变化等一系列环境问题。生态道德要求我们在追求经济发展的同时，兼顾生态效益，做到开发有度、利用合理，以实现人类社会与自然环境的长期协调发展。

（三）生态文化需要树立契合时代的生态审美

生态审美引导我们以一种全新的视角去欣赏自然之美。在生态文化的熏陶下，我们不再仅仅关注自然景观的外在形态，而是更加注重其内在的生态价值和生命活力。一片茂密的森林，不仅因其郁郁葱葱的景色令人赏心悦目，更因其在涵养水源、调节气候、维持生物多样性等方面所发挥的重要作用而具有独特的美感。一条清澈的小溪，不仅因其潺潺流水的声音悦耳动听，还因其为众多水生生物提供了栖息之所而显得弥足珍贵。通过生态审美，我们能够更加深刻地体会到自然的神奇与伟大，从而激发起内心深处对自然的敬畏之情和保护之意。

绿色行动

太湖水产养殖新模式助力生态文明建设

太湖，作为我国重要的淡水湖泊，其生态环境的保护至关重要。近年来，随着生态文明建设推进，太湖流域的水产养殖模式也在不断创新和优化，涌现出一批高效又环保的新模式。这些新模式不仅减少化肥和农药使用，降低农业面源污染，同时提高资源利用效率，契合生态文明建设要求。

一、鱼菜共生模式

鱼菜共生是一种新型的复合耕作体系，将水产养殖与水耕栽培两种农耕技术通过巧妙的生态设计，达成科学协同共生。具体来说，养鱼的水经过水培栽培系统处理后，用于种植蔬菜，蔬菜吸收水中的营养物质，净化后的水再流回鱼缸，形成一个闭环生态系统。鱼菜共生模式实现“养鱼不换水而无水质忧患，种菜不施肥而正常成长”。

实践案例：在太湖县新仓镇新仓村的何氏家庭农场，何达权通过引进水循环系统设备，兴办起“鱼菜共生”绿色环保新型产业。他在大棚里设置 3 个高密度养殖桶，养殖黄丫鱼、天山雪鱼、贵州鲟鱼等品种，养鱼用的水经过水培栽培系统处理后，用于种植芹菜、生菜等蔬菜，菜底下还可以养泥鳅、黄鳝等，经过菜净化后的水又被放入桶中养鱼，如此循环利用，达到生态平衡。这种模式不仅提高了土地利用效率，还显著增加了亩均效益，每亩利润从 300 元提高到 8 000 多元。

二、稻渔综合种养模式

稻渔综合种养是在稻田中同时进行水稻种植和水产养殖，实现“一水两用、一田多收”。这种模式利用水稻为鱼虾蟹提供良好的栖息环境，而鱼虾蟹的粪便可以有效提升土壤肥力，实现养殖尾水的资源化利用。

实践案例：太湖县城西乡依托河湖水域优势，推广水稻种植和水产养殖相结合的稻虾综合种养模式。在该模式下，水稻可以为虾蟹提供遮荫和栖息场所，虾蟹的粪便则为水稻提供天然肥料，减少了化肥和农药的使用，同时提高了稻田的经济效益。

三、池塘生态健康养殖模式

池塘生态健康养殖模式通过优化养殖品种和密度，科学调控水质，减少养殖尾水排放，实现池塘养殖的生态化和可持续发展。具体措施包括：选择适宜的生态混养模式，如藻类—水草—螺—鱼—虾蟹等，利用各自生物学特性相辅相成、相互制约，保持水体自净能力；控制养殖密度，减少鱼类排泄物对水质的污染；使用环保型水产饲料，提高饲料利用率，减少污染物排放。

实践案例：江苏省在太湖流域大力推广池塘生态健康养殖模式，通过标准化改造和尾水净化处理，实现了池塘尾水的达标排放或循环利用。

四、智慧养殖模式

智慧养殖模式通过物联网、大数据、人工智能等技术，实现养殖过程的智能化管理。具体措施包括：安装环境监测设备，实时监测水温、水质、溶解氧等参数；配备自动投喂系统，根据鱼类生长需求精准投喂饲料；设置智能增氧系统，根据溶解氧水平自动增氧。

实践案例：苏州浦江源太湖特种水产有限公司的智慧养殖模式，安装智能设备，实现养殖过程的智能化管理。通过环境监测设备实时监测水质参数，配备自动投喂系统和智能增氧系统，不仅提高生产效率，还减少饲料浪费和水质污染。

五、结语

太湖水产养殖的新模式——鱼菜共生、稻渔综合种养、池塘生态健康养殖和智慧养殖等，在生态文明建设中发挥着重要作用，不仅提高养殖效益，还减少对环境的负面影响，实现生态效益与经济效益的双赢。未来，随着技术的不断进步和政策的持续支持，这些新模式必将在太湖流域得到更广泛的应用，为太湖的生态环境保护和农业可持续发展做出更大贡献。

资料来源：融媒体中心．新仓镇新仓村：以“书记项目”助推产业振兴．(2022-12-06) [2025-04-21].https://www.thx.gov.cn/thxw/xzcz/2024635981.html；王璇，尹茗．太湖：稻虾轮作“蹚”出生态致富路．(2024-05-07) [2025-04-21].http://www.thnews.gov.cn/

content/detail/6639a2bf878ead381d000029.html；苏州市农业农村局 . 吴江区提升水产养殖科技含量　实现智慧养殖转型升级 .（2024-07-12）［2025-04-21］.https：//www.agri.cn/zx/xxlb/js/202407/t2024 0712_8651614.htm.

知识链接

世界湿地日

每年的 2 月 2 日是“世界湿地日”，其设立旨在纪念 1971 年 2 月 2 日签署的《关于特别是作为水禽栖息地的国际重要湿地公约》(以下简称《湿地公约》) 这一具有里程碑意义的创举。1996 年，《湿地公约》常务委员会第 19 次会议决定，从 1997 年起，将每年 2 月 2 日定为世界湿地日，且每年确定不同主题，以提高公众的湿地保护意识。

湿地与森林、海洋并称为全球三大生态系统，被誉为“地球之肾”“天然水库”“天然物种库”。湿地是陆地与水域之间的过渡地带，包括沼泽、湖泊、河流、河口、沿海滩涂、红树林、珊瑚礁以及人工湿地等多种类型。湿地在调节气候、固碳储碳、涵养水源、净化水质、维护生物多样性等方面，发挥着不可替代的作用。全球 40% 的物种依赖湿地生态系统栖息和繁衍，湿地几乎支撑起全部淡水生物群落和部分盐生生物群落，是物种的天然基因库。然而，湿地也是萎缩、丧失和退化速度最快的生态系统之一，自 1970 年以来，全球已有 35% 的湿地消失。

广西钦州红树林

图片来源：国家林业和草原局微信公众号 . 世界湿地日：珍爱湿地　人与自然和谐共生 .（2022-02-02）［2025-04-21］. https：//www.forestry.gov.cn/search/13632.

世界湿地日的设立，不仅是对《湿地公约》签署的纪念，更是为了提高公众对湿地重要性的认识，促进各国政府、社会组织和公众采取行动保护湿地。每年的湿地日都会确定一个主题，通过科普宣教、纪念活动等形式，宣传湿地的功能和价值。

江西鄱阳湖湿地

图片来源：数字北京科学中心．第 29 个世界湿地日：主题为保护湿地　共筑未来．(2025−02−07)［2025−04−21］. https：//baijiahao.baidu.com/s?id=1823380460641021799&wfr=spider&for=pc.

二、生态文化的基本特征

生态文明在“五位一体”中国特色社会主义事业总体布局中占据关键地位，是人类文明新形态的重要标识。加强生态文明建设，弘扬中华优秀传统生态文化和生态智慧，蕴含着鲜明的文化特性。

（一）文化自信与文化主体性

1. 文化自信

文化自信是制度自信、道路自信、历史自信的基础。中华优秀传统文化为我们提供无比深厚的历史底蕴，不仅指引我们今天的发展道路，也为我们托举起最根本的自信。

2. 文化主体性

主体性是文化的基本属性，任何文化想要长存和发展，就必须大力巩固和强化其主体性。2023 年 6 月 2 日，习近平总书记在北京出席文化传承发展座谈会上的讲话中指出："任何文化要立得住、行得远，要有引领力、凝聚力、塑造力、辐射力，就必须有自己的主体性。"生态文明思想的确立和不断发展，正是党中央坚定历史自信和文化自信的结果。

（二）文化连续性

1. 传承中华传统生态智慧

我们倡导的生态文明，正是传承中华传统生态智慧，吸收中华传统生态文化的精华，秉持中华传统生态文化的立场。例如，"天人合一""道法自然"的哲理思想，"劝君莫打三春鸟，儿在巢中望母归"的经典诗句，"一粥一饭，当思来处不易；半丝半缕，恒念物力维艰"的治家格言，这些质朴睿智的自然观至今仍给人以深刻警示和启迪。

2. 人与自然生命共同体

2013 年 11 月，习近平总书记在党的十八届三中全会上作关于《中共中央关于全面深化改革若干重大问题的决定》的说明时指出："我们要认识到，山水林田湖是一个生命共同体，人的命脉在田，田的命脉在水，水的命脉在山，山的命脉在土，土的命脉在树。"这一论述体现了中华文化的连续性，将人与自然视为一个紧密联系的生命共同体。

（三）文化创新性

1. 创新精神

中华文化向来具有刚健日新的创新精神。建设社会主义生态文明，正是体现马克思主义自然辩证法、马克思主义历史唯物主义同中华传统生态智慧相结合，使中华优秀传统文化，特别是生态文化与马克思主义的许多重大观点形成天然的、内在的高度契合性。

2. 生态兴则文明兴

习近平主席在 2019 年中国北京世界园艺博览会开幕式上的讲话中提出了"生

态兴则文明兴，生态衰则文明衰”。这一论断不仅总结了人类文明的发展、变迁过程，还深刻认识到生态环境的变迁对于人类文明发展进程的重大意义。

第二节 建设生态文化的意义及实践探索

一、建设生态文化的意义

（一）加强生态文化建设是加强党的执政能力建设的题中应有之义

中国共产党构建社会主义和谐社会的能力，其中很重要的就是表现在促进人与自然的和谐相处，即人与所处的环境和谐共生，实现经济增长与保护环境、合理开发利用资源、控制人口数量以及提高人口素质之间的协调。实现人与自然和谐发展，加强生态文化建设是前提和基础，更是重要内容。因此，加强生态文化建设是加强党的执政能力建设的题中应有之义。

（二）加强生态文化建设是落实科学发展观的本质属性

科学发展观的实施离不开文化创新。生态文化一旦形成，便凝聚为强大的精神力量，推动构建完善的制度体系，对区域经济社会可持续发展产生巨大驱动作用。加强生态文化建设，树立和落实科学发展观，才能更好地促进人与自然协调发展，从而促进经济社会真正协调可持续发展。

（三）加强生态文化建设是构建社会主义和谐社会的必然要求

和谐社会不仅是充满活力与安定有序相统一的社会，更要实现人与社会、人与自然间的内在和谐，这使先进生态文化建设的战略价值愈发凸显。生态文化作为社会主义先进文化的重要部分，对构筑人们文明理念，增强生态环境重视意识，确立人与自然和谐共处观念，发挥重要作用，为构建社会主义和谐社会筑牢文化根基、提供精神支撑。

（四）加强生态文化建设是我国社会主义现代化建设的重要任务

受不合理资源开发和高强度人类活动影响，近年来我国生态退化范围迅速扩大，危害程度日益加剧。生态环境总体恶化的趋势严重制约经济社会发展，阻碍社会主义现代化建设推进。保护生态环境、维护生态平衡，已经成为社会主义现代化建设的重要支撑条件。加强生态文化建设、实现人与自然和谐共处，必然成为社会主义现代化建设的重要任务。

课堂互动

今天你接收蚂蚁森林绿色能量了吗?

1. 介绍蚂蚁森林公益项目

蚂蚁森林是一个以生态环保和绿色发展为目标的公益项目，用户通过公交出行、网络缴费、网络购票等绿色低碳行为，即可被计为“绿色能量”，累积到一定程度就可以申请在荒漠化地区种下一棵真正的树，每棵树都有它的专属编号。另外，还有在生物多样性亟须保护地区“认领”一平方米保护地等环保项目。个人累积的能量越多，可以选择的环保项目就越多。那么，今天你接收蚂蚁森林绿色能量了吗?

2. 观看沙漠绿洲相关影片、PPT 内容

介绍沙漠绿洲工程的背景和意义，学生分组，让每个小组制作关于沙漠绿洲工程的海报或展示板，展示他们的设计理念、解决方案和思考过程。

3. 组织辩论赛

学生分为支持者和反对者，就沙漠绿洲工程展开激烈的讨论和辩论，锻炼学生的逻辑思维和辩论能力。

二、生态文化的探索发展

纵观中华文明演进历程，古代先贤将尊重自然的价值理念具化为制度规范与实践举措，形成彰显生态智慧的人与自然关系理论体系。中华优秀传统生态文化作为中华优秀传统文化的重要组成部分，既是承载民族生态伦理的宝贵财富，更是蕴含辩证统一哲学思想的理论成果，其中“天人合一”“道法自然”等核心要义，对新时代推进生态文明建设具有深刻启示和重要指导意义。

（一）充分挖掘中华优秀传统生态文化，大力加强生态文化体系建设

2014 年 2 月 24 日，习近平总书记在中共中央政治局第十三次集体学习时的讲

话中指出："抛弃传统、丢掉根本，就等于割断了自己的精神命脉。博大精深的中华优秀传统文化是我们在世界文化激荡中站稳脚跟的根基。"

在绵延5 000多年的中华文明各家思想的共同作用下，中华民族形成了自己独特、系统和完整的人与自然和谐共存体系，饱含着强烈的崇尚自然的精神风骨，成就了中华生态文化的特质，显示出中国人特有的宇宙观、自然观。

中华优秀传统文化中蕴含的生态智慧，经过数千年的传承和发展已经深深渗透到广大人民群众的生活实践之中，成为中华民族特有的生态文化基因，为生态文化建设提供了重要基石。生态文化建设必须内化到在校学生的日常生活中，形成厚重的人文情怀。要大力推动多种形式的传统生态文化教育活动，校园积极普及生态文化知识，提高学生的生态意识，培养学生的生态理念和行为习惯，把建设美丽中国转化为全员行为自觉。

（二）聚焦美丽中国建设实践，大力促进生态文化繁荣发展

党的十八大以来，以习近平同志为核心的党中央对新时代党和国家事业发展做出科学完整的战略部署，立足中华民族伟大复兴战略全局和世界百年未有之大变局，把生态文明建设纳入中国特色社会主义事业"五位一体"总体布局，将"美丽"作为全面建成社会主义现代化强国的奋斗目标之一，明确提出推进美丽中国建设。《关于加快推进生态文明建设的意见》《生态文明体制改革总体方案》等一系列重大政策文件发布，全国各地相继开展生态文明建设示范区、"绿水青山就是金山银山"实践创新基地创建工作，积极践行习近平生态文明思想，探索地区经济发展与生态保护相协调的新路径，彰显推进生态文明建设的实践自觉。

2023年7月召开的全国生态环境保护大会中，生态文化建设被赋予重要的战略地位。通过弘扬生态文明理念、推动绿色生活方式、结合科技创新、强化生态安全意识等措施，生态文化建设将成为推动美丽中国建设和人与自然和谐共生现代化的重要力量。

绿色行动

江西省将建设景德镇陶瓷文化生态保护区

江西省已经批复《景德镇陶瓷文化生态保护区总体规划（2021—2035年）》（以下简称《规划》），确定乐平、浮东、浮北、浮南、珠山、昌江六大重点保护片区，注重保护文化遗产及其赖以存续的自然和文化环境。

《规划》加强对御窑厂遗址、高岭－瑶里风景区等物质文化遗产的保护，推动御窑厂遗址申报世界文化遗产。侧重非物质文化遗产保护，以传统手工制瓷为核心，开展抢救性、整体性、生产性、生活性保护。完善陶瓷非物质文化遗产保护名录体系，支持手工制瓷技艺申报联合国教科文组织人类非物质文化遗产代表作名录。推动文化传承与创新，加强陶瓷文化的宣传教育，推动陶瓷文化进教材、进校园，支持中小学开展陶艺教育；推动陶瓷文化与现代科技、文化创意、旅游等产业深度融合，打造陶瓷文化创意产业和旅游产品。全力支持生态绿色发展，推动陶瓷行业绿色转型，增加清洁燃料使用，推广电气混合模式和分布式光伏应用，降低碳排放。打造陶阳里、陶溪川等陶瓷文化景区和昌江百里风光带等生态旅游景区，推动陶瓷文化与生态旅游融合发展。文化生态与社会协同发展，将文化生态保护区建设与历史文化名城名镇、全域旅游示范区、国家大遗址公园、传统村落等融合发展。建立政策与机制保障，严格执行总体规划，建立规划实施监测评估机制，确保规划的严肃性和权威性。

三、创新发展生态文化产业

生态文化产业是以生态资源为基础，以文化创意为内涵，以科技创新为支撑，提供多样化生态文化产品和服务的新兴产业。它同时结合生态文化和文化产业两方面特征，为公民提供生态文化产品和生态文化服务。

生态文化产业不仅是推动经济高质量发展的新引擎，也是实现生态文明建设的重要途径。通过发展生态文化产业，可以将生态资源转化为经济优势，同时促进文化传承与生态保护，实现经济、社会与环境的协调发展。

（一）生态文化产业类型

生态文化产业形式多样，按照经营方向、服务内容，可以划分为生态旅游产业、生态农业产业、生态文化创意产业、生态健康养生产业、生态文化教育与科普产业、生态工业与绿色建筑产业、生态文化公共服务产业。

1. 生态旅游产业

生态旅游产业包含自然景观旅游、文化旅游。自然景观旅游，依托自然保护区、森林公园、湿地公园、地质公园等自然景观资源，开发生态旅游线路和项目（包括森林康养、冰雪旅游、沙漠探险等），如云南洱海生态廊道项目，游客可以沿着廊道欣赏湖光山色，体验自然之美。文化旅游，结合历史文化遗迹、民族风情、传统村落等文化资源，开发文化旅游产品、生态文化体验项目，如内蒙古阿尔山市依托森林、温泉、冰雪等资源，发展“森林＋冰雪”旅游，体验传统手工艺展示等。

2. 生态农业产业

生态农业产业包含生态种植与养殖、生态农业观光。生态种植与养殖，通过推广有机农业、绿色农业，种植绿色蔬菜、水果等农产品，减少化学农药和化肥的使用；采用生态养殖技术，提高产品质量；推动农产品的品牌建设和销售，为农产品提质升级，将高标准的生态农产品推向市场。生态农业观光，打造生态农业观光园，游客可以参与农事体验活动，如采摘水果、蔬菜，了解生态种植技术。

3. 生态文化创意产业

生态文化创意产业包括文化创意产品、文化活动与节庆。文化创意产品，通过深度开发其内涵，将产品进行延伸及多元包装，利用现代科技手段，如虚拟现实（VR）、增强现实（AR）等，开发沉浸式生态文化体验产品，如生态主题的影视、动漫、游戏、工艺品等。文化活动与节庆，通过举办生态文化主题活动，传播生态理念，增强公众的生态保护意识，如生态文化节、花博会、森林旅游节等。

4. 生态健康养生产业

生态健康养生产业包括生态康养、生态休闲活动。生态康养，结合自然生态资源，开发生态康养项目，提供健康养生服务，满足人们对健康生活的需求，如中医养生、瑜伽冥想、森林康养、温泉疗养、海滨度假等。生态休闲活动，通过发展生态休闲产业为人们提供休闲度假服务，如“农家乐”“森林人家”“草原人家”。

5. 生态文化教育与科普产业

生态文化教育与科普产业包括生态文化教育基地、科普出版与传播。生态文化教育基地，利用学校、社区、博物馆等场所，普及生态知识，增强公众的生态意识，如国家生态文明教育基地、生态文化村等。科普出版与传播，通过出版生态文化相关图书、科普读物、影视作品，利用新媒体平台，如电视、网络、社交媒体等，开展生态文化宣传。

6. 生态工业与绿色建筑产业

生态工业与绿色建筑产业包括生态工业、绿色建筑等。生态工业，推动传统产业的生态化转型，开发生态工业产品，如环保材料、可再生能源设备等，发展绿色制造、循环经济。绿色建筑，推广生态型人居建筑，采用环保材料和技术，打造绿色、低碳的居住环境。

7. 生态文化公共服务产业

生态文化公共服务产业包括生态文化基础设施建设、生态文化公共服务平台建设。建设生态文化基础设施，为生态文化公共服务提供场所，如生态公园、文化广场、生态步道等。建设生态文化公共服务平台，整合生态文化资源，提供一站式服务。

（二）生态文化产业创新

生态文化产业创新，是在既有产业发展优良传统和稳固根基之上，依托政府政策引导和经济支持逐步推进的过程。在经济发展和创新过程中，应率先树立弘扬生态文化、践行绿色经济的认知和觉悟，主动将生态价值观、生态消费观及生态绩效观，融入工作和生活实践。

1. 结构创新

产业结构调整，反映出不同社会发展阶段生产者和消费者、生产能力和消费水平的关联。现阶段，正值国家提倡生态文明建设的重要时期，生态环境的现状和受破坏程度加剧产业发展压力，促使消费群体对产业结构调整提出新诉求。产业结构优化，旨在通过产业调整实现各产业间的协调发展，最终满足社会经济发展的增长需求。实现产业结构优化可通过产业结构合理化和高度化推进。合理的产业结构为生态文化提供物质财富和支撑；反之，不合理的产业结构也会限制生态文化发展和传播，还会使生态环境被迫承受产业带来的污染、废弃物及有害气体，造成破坏。

生态文化产业结构的创新重点，在于通过生态文化思想来指导和落实生产方式循环、节约和可持续化，消费模式绿色健康化，产业布局集约完整化，最终实现社会、环境和经济的综合效益最大化。在生态文明建设备受重视的当下，生态文化产业结构创新，既为发展提供经济和技术支撑，也在探索生态文化产业未来发展新模式的道路上，迈出关键步伐。

2. 制度创新

生态文化产业作为新兴文化产业，处于发展探索期，发展过程中需要法律保障。司法部于 2019 年 12 月公布《中华人民共和国文化产业促进法（草案送审稿）》，为促进文化产业发展、保护文化产业发展和保持文化产业创新发展提供法律依据和保障。相关文化产业法律法规的制定和提出，有利于文化产业推广，同时规范文化产业市场向好发展。

3. 发展模式创新

生态文化产业发展战略的制定，关系未来产业发展前景和新兴产业接受社会经济发展考验的能力，科学合理地制定发展战略，一方面要求符合生态需求，另一方面要紧跟社会经济发展步伐。目前，国家已根据生态文化发展需要制定《中国生态文化发展纲要（2016—2020年）》等一系列支撑和辅助生态文化发展的政策制度。

生态文化产业发展模式呈现差异化特色，需注重提升产业发展模式的专业化和规模化。文化产业发展要具有其独特的文化属性，生态文化产业发展模式应该根据社会发展主流和社会发展需要建立，并借助主流媒体平台优势，发挥生态文化产业的创新活力。

绿色行动

广西柳州三门江国家森林公园生态科普教育基地

2023年，广西柳州三门江国家森林公园由广西生态学学会推荐，被批准为中国生态学学会生态科普教育基地。三门江国家森林公园于1993年5月经国家林业部（现国家林业和草原局）批准成立，是广西第一批国家级森林公园之一，总面积约11 790亩。2016年1月1日，柳州市接管三门江国家森林公园，实行免费开放，柳州市莲花山保护中心（柳州市三门江国家森林公园管理处）为其日常管理机构。

莲花山保护中心以三门江国家森林公园为基础，开展面向市民免费参与的科普活动森林课堂，充分利用公园特有的自然资源、人文资源、旅游资源，以导师指导加实地体验的方法，依托柳州市首部实体性法规《柳州市莲花山保护条例》，围绕自然、生态、林业、地质、水文、人文、美学主题，开展植物观察、观鸟、自然笔记、自然艺术、野外拓展等课程，面向柳州广大青少年传播自然科学、人文科学普及知识，积极倡导保护莲花山、保护自然环境，让科普拥有莲花山色彩。森林课堂是给当地少年儿童提供接触自然科普的窗口，并衍生出“森林课堂进校园”“走乡村”以及线上课程等多种形式。

榕苑植物科普园，由柳州市莲花山保护中心与中国科学院广西植物研究所合作建设，是一个以珍稀濒危植物为主的植物科普园。科普园面积约 2 500m^2，共种植 180 余种珍稀濒危植物，包括国家Ⅰ级重点保护野生植物杜鹃红山茶、德保苏铁、广西火桐、单性木兰等，其间设有导览图、植物知识科普牌等。

自然科普微型标本馆，由柳州市莲花山保护中心和柳州市城中生态环境局共同组建，馆内设置标本展示柜，收藏公园常见鸟类、昆虫和植物标本，数量持续增加，至今已有鸟类标本 30 余例，昆虫标本 300 余例等，供自然教育品牌活动森林课堂使用。

据统计，三门江国家森林公园已连续五年保持 8% 以上的游客增长率。2024 年 1—11 月，游客接待量已突破 75 万人次，并有效带动周边餐饮、住宿和休闲农业板块发展，促进当地经济增长。

资料来源：广西柳州三门江国家森林公园生态科普教育基地.（2023-11-13）[2025-04-18].http：//www.esc.org.cn/detail.html?id=23& contentId=2444.

本章练习

一、选择题

1. 习近平生态文明思想蕴含的文化特性不包括（　　）。

A. 文化主体性　　B. 文化连续性

C. 文化创新性　　D. 文化单一性

2. 绵延 5 000 多年的中华文明，其生态智慧的内核不包括（　　）。

A. 儒家思想　　B. 法家思想

C. 道家思想　　D. 佛家思想

3. 生态文化要求我们树立的自然观是（　　）。

A. 人类中心主义自然观　　B. 平等、共生的生态意识自然观

C. 征服自然的自然观　　D. 改造自然的自然观

4. 文化自信是（　　）的基础。

A. 制度自信、道路自信、历史自信

B. 理论自信、制度自信、科技自信

C. 道路自信、理论自信、民族自信

D. 历史自信、科技自信、民族自信

5. “天人合一”“道法自然”的哲理思想体现了习近平生态文明思想对（　　）的传承。

A. 西方现代生态理念　　B. 中华传统生态智慧

C. 马克思主义自然观　　D. 未来主义生态设想

6. “生态兴则文明兴，生态衰则文明衰”，这主要体现了习近平生态文明思想的（　　）。

A. 文化连续性　　B. 文化自信

C. 文化创新性　　D. 文化主体性

7. 生态文化产业是以（　　）为基础的新兴产业。

A. 文化创意　　B. 科技创新

C. 生态资源　　D. 市场需求

8. 以下属于生态旅游产业项目的是（　　）。

A. 推广有机农业　　B. 举办生态文化节

C. 开发森林康养旅游线路　　D. 建设生态文化教育基地

9. 生态文化产业结构创新的重点不包括（　　）。

A. 生产方式循环、节约和可持续化

B. 消费模式绿色健康化

C. 产业布局分散化

D. 实现社会、环境和经济的综合效益最大化

二、判断题

1. 生态文化只强调人类对自然的保护，不涉及人类的生活方式。（　　）

2. 生态道德要求人类在开发利用自然资源时可以不考虑生态平衡。（　　）

3. 文化主体性是文化的基本属性，任何文化想要长存和发展，都必须强化它的主体性。（　　）

4. 把马克思主义自然辩证法、历史唯物主义同中华传统生态智慧相结合，体现了习近平生态文明思想的文化创新性。（　　）

5. 生态文化产业只需要注重经济效益，无须考虑生态保护和文化传承。（　　）

6. 生态文化产业的发展模式应千篇一律，无须考虑差异化。（　　）

7. 生态文化产业的制度创新中，《中华人民共和国文化产业促进法（草案送审稿）》为其提供了法律依据和保障。（　　）

三、实训题

1. 假如你是某地区的环保官员，当地存在过度砍伐森林的现象，从生态文化的角度，你将采取哪些措施来解决这一问题？

2. 某地区拥有丰富的森林资源和独特的民俗文化，现计划发展生态文化产业，请你从生态文化产业类型中选择至少两种，并阐述如何利用当地资源进行开发。

第六章 生态社会建设

学习目标

【知识目标】

1. 了解生态社会的内涵
2. 熟悉生态社会的总体框架
3. 理解生态社会治理的价值

【技能目标】

1. 能够简述生态社会治理的目标
2. 能够简述生态社会治理的理念

【素质目标】

1. 通过学习生态社会知识，提升对建设和实现生态社会的理解和认识
2. 积极参与生态社会治理，培养分析和解决实际生态社会问题的能力

【案例导入】

安吉余村：从“石头经济”到“生态经济”的美丽蝶变

安吉余村，位于浙江省湖州市安吉县天荒坪镇，是“绿水青山就是金山银山”理念的发源地。近年来，余村凭借生态转型，走出了一条绿色发展之路，成为全国生态文明建设的典范。

一、转型背景与起点

余村曾因丰富的石灰岩资源而发展“石头经济”，开山采矿、烧石灰、做水泥，一度成为安吉县的富裕村。然而，这种粗放型发展模式导致严重的生态破坏，空气污染、水土流失等问题日益突出。2003 年起，余村响应“生态省”“生态县”号召，关停矿山和水泥厂，开始探索新的发展道路。2005 年 8 月 15 日，时任浙江省委书记习近平到余村调研，首次提出“绿水青山就是金山银山”的理念，为余村的发展指明了方向。

浙江安吉县天荒坪镇余村，镌刻着“绿水青山就是金山银山”的石碑

二、生态修复与绿色转型

在“两山”理念指引下，余村全面启动生态修复工程。通过自然恢复与人工修复相结合，昔日的矿山被复垦复绿，水泥厂旧址变为五彩田园，废弃矿山被改造成矿山遗址公园。此外，余村还实施污水分流纳管、土地平整复垦等措施，修复生态的同时，推动村庄整体环境提升。

三、生态经济的蓬勃发展

随着生态环境的改善，余村大力发展乡村旅游，民宿、农家乐等旅游业态蓬勃发展。2023 年，余村接待游客约 115 万人次，村集体经济收入达 2 247 万元，人均收入达 64 863 元。2024 年，游客数量进一步增长至 122 万人次，村集体经济收入达到 2 205 万元。此外，余村还通过林下经济、文化创意产业等多元化发展，进一步拓宽了村民的增收渠道。

四、共同富裕的“余村实践”

余村通过“余村共富联合体”党建联盟，联合周边四村成立“五子联兴”公司，整合资源，抱团发展。各村根据自身特色，如银坑村的影视资源、马吉村的红色资源等，形成丰富的旅游形态，进一步提升游客体验。此外，余村还通过“两山银行”实现生态资源向资产、资本的高水平转化。

五、低碳乡村的未来展望

2021 年，余村成为浙江省首批低（零）碳试点村，积极创建国内首个全要素零碳乡村。目前，余村已实现全域绿电供应，预计到 2027 年实现村域范围碳中和。低碳元素已融入余村的各个角落，如余村印象建筑获得国内国际双铂金认证，零碳公园的“生命之树”每年可收集约 1 825 度电。

安吉余村的生态转型是“绿水青山就是金山银山”理念的成功实践。从“石头经济”到“生态经济”，余村不仅实现经济的高质量发展，更成为全国生态文明建设的标杆。未来，余村将继续探索绿色低碳发展路径，为建设美丽中国贡献更多智慧。

资料来源：中经总网.【县域案例】浙江安吉县：安吉余村：从“石头转型”到“生态经济”的转型.（2024-11-01）[2025-04-18].http：//www.cctv-city.com/part-63/14366.html.

启示与思考：

以“两山”理念为指引，通过生态产权制度改革、生态补偿机制完善、生态产品交易市场培育等制度创新，将原本无形的生态价值转化为可量化、可交易、可分配的经济价值。这一套生态社会建设实践表明，通过制度创新完全可以在生态保护与经济增长之间建立正向循环，特别是在应对气候变化的全球治理中，中国提出的“双碳”目标与乡村振兴、高质量发展等国家战略的有机融合，展现了整体性、系统性的解决方案。这不仅是技术层面的减排路径，更代表新的文明发展范式，它正在重塑人类的生产方式、消费习惯、价值观念和社会组织形式，推动工业文明向生态文明的形态跃迁。

第一节 生态社会概说

一、生态社会的内涵

生态社会是一种以人与自然和谐共生为核心理念的社会发展模式，涵盖生态平衡、低碳环保、可持续发展、社会公平等多个方面。

（一）生态平衡与可持续发展

1. 生态平衡

生态社会强调生态系统内部的稳定性和生物多样性。生态平衡是指生物群落与环境之间相互依存、相互制约的状态。这种平衡能够维持生态系统的健康，保证物种的繁衍和进化。

2. 可持续发展

生态社会以可持续发展为核心目标，追求经济、社会和环境的协调发展。它要求在满足当代人需求的同时，不损害后代人满足其需求的能力。

（二）人与自然的和谐共生

1. 尊重自然规律

生态社会倡导尊重自然、顺应自然、保护自然的理念，将人类活动置于自然生态系统的承载能力之内。

2. 生态教育与意识提升

通过生态教育，提高公众对自然环境的认识和尊重，培养环保意识和行为习惯，推动全社会形成绿色生活方式。

（三）低碳环保与绿色经济

1. 低碳发展

生态社会注重减少温室气体排放，推动低碳技术的应用，发展可再生能源，降低对传统化石燃料的依赖。

2. 绿色经济

生态社会鼓励绿色生产和消费，发展循环经济，优化产业结构，减少对自然资源的过度开发和消耗。

（四）社会公平与生态正义

1. 生态正义

生态社会强调社会公平，确保不同群体在资源利用和环境质量上享有平等权利。生态正义要求避免环境问题对弱势群体的不公平影响。

2. 共同富裕

生态社会的建设不仅是环境目标，也是社会目标。通过生态产业的发展，推动共同富裕，实现经济与生态的双赢。

（五）生态治理与社会参与

1. 多元治理

生态社会的治理需要政府、企业、社会组织和公众的共同参与。通过法治、市场、科技和政策等手段，构建协同治理机制。

2. 公众参与

生态社会鼓励公众参与生态治理，通过社区行动、志愿服务等方式，增强公众对生态环境的责任感。

生态文明与生态社会建设密不可分。通过生态治理、生态教育和绿色经济的发展，生态社会为人类社会的可持续发展提供了新的理念和实践路径，使广大人民群众感受到生态社会的红利与不可或缺性，激发人民群众爱护生态、保护环境的自觉性与积极性，在全社会营造出拥护和重视生态文明建设的良好氛围。

知识链接

什么是生态正义？

生态正义是一个涵盖法律、伦理、哲学等多个领域的综合性概念，旨在解决环境破坏、生态不平等以及资源分配不公等问题，确保人类与自然环境之间的和谐共生。

生态正义指个人或社会集团的行为符合生态平衡原理、生物多样性原则，以及世界人民保护环境的共同愿望。它强调全体社会成员都能公平地享有利用自然资源、享受生态和谐的权利，同时平等地承担保护环境、节约资源的义务。

生态正义是生态文明建设的重要价值导向，它要求在人与自然、当代人与后代人、人类与其他生物之间实现公平与和谐。通过法律保障、伦理引导和公众参与，生态正义为解决环境问题、推动社会公平和实现可持续发展提供了重要的理论和实践路径。

二、生态社会总体框架

生态社会是一种以人与自然和谐共生为核心的复杂系统，涉及经济、社会、环境等多个领域的协调发展。

（一）核心要素

生态社会由多个相互关联的核心要素构成，这些要素共同作用，推动社会的可持续发展。

1. 生态理念

强调人与自然的和谐共生，将生态文明理念贯穿于社会发展的各个方面。

2. 生态经济

即以绿色、低碳、循环为特征的经济模式，推动产业生态化和生态产业化。

3. 生态文化

倡导尊重自然、保护环境的文化价值观，形成全社会的生态意识。

4. 生态治理

通过政策、法律和公众参与，构建多主体协同治理的生态管理体系。

5. 生态教育

通过教育提升公众的生态素养，培养可持续发展的观念和行为习惯。

6. 生态科技

充分发挥新质生产力创新驱动绿色转型，利用科技创新推动生态资源向绿色、低碳、高效转型，提高生态环境的保护效率。

（二）框架与运行机制

生态社会基于以上六大核心要素的有机关联，构建起绿色、高效、可持续的运行机制。

1. 物质循环与能量流动

生态社会强调资源的高效利用和循环再生，减少废弃物排放，实现物质与能量的可持续流动。

2. 社会生产链与生态循环链的耦合

通过基本物质循环链和基本社会生产链的相互作用，实现社会生产与生态系统的协调发展。

3. 生态价值转化

遵循“生态资源→生态资产→生态资本→生态产品”的递进逻辑，实现生态资源的价值化和市场化。

知识链接

执绿色之笔　画幸福之城

——中新天津生态城建设国家绿色发展示范区回眸

初秋的中新天津生态城，风光旖旎，万物生机蓬勃，丰收与绿意同频。城市中，各具特色的绿道公园，“向绿而行”的绿色产业，融入生活的智慧场景，充满活力的幸福家园，无一不诠释着“绿色发展”的魅力。

作为中国和新加坡两国政府间重大合作项目，中新天津生态城是世界上首个国家间合作开发的生态城项目，自 2008 年 9 月启动开发建设以来，生态城始终秉持“生态优先”的发展理念，走绿色发展道路，于 2013 年获批首个国家绿色发展示范区。多年来，生态城全面实施“生态 + 智慧”双轮驱动发展战略，全力推动国家绿色发展示范区建设取得丰硕成果，围绕绿色生态之城、智慧创新之城、开放合作之城、活力幸福之城建设，绘就一幅新时代绿色为底的崭新画卷。

由浅绿到深绿　人与自然和谐共生

从盐碱荒滩到绿意盎然，如今，生态城绿化面积超 1 100 万平方米，绿化覆盖率达 50%，规划建设 40 余座各具特色的城市公园，生态城将城市“轻轻放进了大自然”。

2023 年，象征中新两国友谊的中新友好花园对外开放，每到节假日和周末，公园内游人如织，大家在滨水步道漫步，在阳光草坪放松，在空中廊道远眺，尽情享受城市之美。距离中新友好花园不远，是被评为天津市“最美河

湖”的静湖——难以想象，这里昔日是一处占地2.56平方公里、积存40年的污水库，历经生态城建设者三年治理，曾经的污水库变身为碧波荡漾的景观湖，环湖景观带全长达7.6公里，绿化面积20万平方米，水域面积117万平方米，成为居民观景、亲水的好去处。

春季锦带花明艳美丽，夏日鼠尾草充满朝气，秋季碱蓬草热烈张扬，冬季金银忍冬生动低调……据了解，一直以来，生态城通过维护自然湿地环境、打造特色人工湿地、构建特色植物群落、开发多功能亲海生态廊道等措施，不断丰富区域生物多样性。近年调查显示，生态城内共有动物332种，植物137种；区域内观察并记录在册的鸟类共179种，其中涉禽和游禽种类最为丰富，共87种，占总数的48.6%，并吸引以遗鸥为代表的珍稀和重点保护鸟类在这里过境、繁衍、生息。

擦亮底色　产城融合绿意浓

做足绿色文章，擦亮生态底色。为探索低碳发展模式，生态城在建设之初就出台世界上首套生态城市指标体系，提出一系列低碳建设发展指标。在该体系引领下，生态城大力发展绿色低碳产业，城市主中心——绿色创新产业园加快建设，一汽丰田新能源工厂等绿色高端制造相继投产，生态城努力扛起全市“绿创”大旗，通过一环扣一环的创新探索，持续刷新城市“幸福底色”，打造国家绿色发展示范区升级版。

通过优化绿色低碳产业发展布局、降低产业耗能等举措，生态城全面提高产业绿色、低碳、循环发展水平。在低碳建筑方面，严格落实绿色建筑100%标准，建成全国首座实用型零能耗智慧建筑，发布国内首套零碳示范单元标准体系；在电子信息产业方面，与清华大学共建天津电子信息研究院，搭建高端

光电子实验平台；在文化产业方面，形成影视动漫、图书发行、广告传媒、游戏制作、网红电竞、在线文学等产业集群；在大健康产业方面，聚集形成医疗器械、生物医药制造等特色产业子链；在直播电商经济方面，2023 年 5 月推出直播电商产业政策升级版，为直播企业发展提供全面支持，目前，已吸引 207 家直播电商企业落户，打造 70 个直播基地，导入主播、运营人员近 800 人，产业环境得到持续完善。

先进性、高端化　建设智慧创新的未来之城

2024 年 6 月，生态城城市大脑白皮书，也是全国首个区域级城市大脑白皮书正式发布，白皮书系统回顾发展历程、总结建设成效和典型案例、分析城市大脑面临的问题挑战，并提出应对策略，为其他地区开展城市大脑建设、推动城市数字化转型提供生态城经验。

据了解，从 2019 年上线至今，生态城城市大脑运行良好。从信息化、数字化到智能化，生态城深度融合智慧城市建设与智能科技产业发展，围绕“惠民、兴业、善政”，依托“1+3+N”智慧城市框架不断完善“城市大脑”体系建设，以数“智”化赋能城市管理转型。在“城市大脑”中，生态城数据资源已覆盖城建住房、交通运输、资源能源、地理空间、气象服务、教育文化、生态环境、医疗卫生等 18 个主题领域，在教育、交通、文旅、健康、应急安全等领域推出百余项智慧服务场景，让城市更美丽，居民更幸福。

其中，无人机平台可完成海岸线巡飞、出行早晚高峰巡查、违法建筑取证、节假日水域巡飞、防汛防潮警示巡飞、防恐防暴演练等多领域任务。智能视觉平台可提供治安管理、交通路况、车辆抓拍、环境监测、城市部件检测等服务。数据汇聚平台能根据气象云图、台风路径图等实时气象数据提供智慧防汛、智慧气象等服务……在强化城市治理、推动产业经济发展、改善居民生活的同时，也用实质成效为其他城市提供可借鉴的成功经验。

生态城还推动北方大数据交易中心、大数据研究院、数据安全研究院建设，形成“商业化平台＋专业化保障”的数据要素服务体系，探索数据资源服务产业路径，激发数字经济活力。同时，依托智慧交通、智慧社区、城市管理、智慧园区等智慧应用场景，逐渐开辟全域数字经济试验场，邀请国内外数字经济企业开展创新试点，复制推广“生态城模式”。在生态城，高标准建设智慧创新之城，已经成为绿水青山“高颜值”与经济发展“高质量”相得益彰的重要一环。

环境优美、产业兴旺、幸福宜居……生态城实现从“生态城市”向“活力城市”、“建设城市”向“经营城市”、“花园城市”向“四宜城市”的转变，有力推动港产城融合高质量发展。未来，生态城将抢抓战略叠加机遇，统筹推进绿色低碳经济和城市建设融合发展，努力成为中国式现代化的城市样板，为全面推进美丽中国建设做出更大贡献。

资料来源：滨海发布．执绿色之笔　画幸福之城：中新天津生态城建设国家绿色发展示范区回眸．(2024-09-02)[2025-04-18].https://www.tjbh.gov.cn/contents/12166/581275.html?from=kdocs_link.

课堂互动

今天你垃圾分类了吗?

步骤 1：介绍垃圾分类相关知识

可回收物、其他垃圾、厨余垃圾、有害垃圾……相信这些词对你来说并不陌生。但在生活中依然会遇到一些垃圾分类“冷门考点”，如喝了一半的珍珠奶茶，属于什么垃圾？为什么卫生纸属于其他垃圾，包装纸却属于可回收垃圾？2019 年 11 月 15 日，住房城乡建设部发布《生活垃圾分类标志》，为垃圾分类提供了一份标准答案。最新版的《生活垃圾分类标志》在适用范围、类别构成、图形符号上都进行了调整，生活垃圾类别也调整为可回收物、有害垃圾、厨余垃圾和其他垃圾 4 个大类、11 个小类。

垃圾分类

步骤 2：开展讨论与思考

问题 1：分析垃圾分类的重要性和意义。

问题 2：探讨垃圾分类的具体方法和实践经验。

步骤 3：课外短视频拍摄与平台发布

布置课后视频拍摄与剪辑工作，鼓励学生开展垃圾回收、分类处理等工作，并通过视频记录、平台发布等，进一步扩大影响。

绿色行动

开展护鸟行动　待迎苍鹭归来

通北林业局有限公司南北河林场附近的密林，是国家二级保护动物苍鹭的栖息地，每年春天，都会有苍鹭来到这里繁衍生息。为给苍鹭创造更加良好的生存环境，南北河林场采取有效措施，加强苍鹭栖息地巡查巡护工作，并在林边醒目位置新设立宣传牌，提醒林区职工群众注意保护野生苍鹭。

在加强巡护的同时，林场还利用广播和微信群向职工、群众宣传野生动物保护知识，普及野生动物保护相关法律法规。

苍鹭是森林尊贵的客人，南北河林场近年来通过持续加大对生态环境和生物多样性保护的宣传教育力度，切实提高了职工、群众尊重自然、保护生物多样性的理念，职工、群众保护苍鹭等野生动物的意识也更强了。

随着生态建设和森林资源保护力度的加大，林区的生态环境越来越好。通北局公司南北河林场南山的苍鹭种群，由最初的几只发展壮大到百余只，林场的知名度也越来越高，逐渐成为许多摄影爱好者和周边游人的打卡地，南北河林场苍鹭保护区已成为通北林区靓丽的生态名片。

第二节　生态社会的建设和实践

生态环境关乎民生福祉，以及民族未来的长远大计。2015 年 3 月，习近平总书记在参加十二届全国人大三次会议江西代表团审议时指出，“环境就是民生，青山就是美丽，蓝天也是幸福。要像保护眼睛一样保护生态环境，像对待生命一样对待生态环境”。必须将生态文明建设深度嵌入“五位一体”总体布局，在现代化建设各领域、全过程中厚植绿色发展基因，以全方位、全地域、全过程的系统治理，着力构筑蓝天常驻、青山常在、绿水长流的美丽中国。

一、生态社会治理的理论

（一）治理目标：达到人与自然高度和谐的境界

生态社会治理的最终目标和期望是使人的生命与自然生命相互依存，达到一种高度和谐的境界。人因自然而生，人与自然是共同存在、不可分割的统一整体。人要时刻谨记自身对自然界的依赖程度，谨记自然界对于社会发展的重要价值，时刻秉持敬重的态度去处理人与自然的关系，要常怀敬畏之心、感恩之意、报恩之情。生态社会治理理论始终以辩证唯物主义的观点审视人与自然的关系问题，理性思考人与自然之间的辩证统一关系，创造性地提出诸多科学处理人与自然关系的新论断和新理念。总之，人与自然和谐相处，生活在和谐优美的社会环境中，是人民群众的深切渴望和目标追求。

（二）治理理念：以“两山”理论取得“双赢”结果

“绿水青山就是金山银山”的“两山”理论，既是马克思主义辩证思想在具体实际中的精准运用，同时也是对生态社会治理取得“双赢”结果的科学把握。绿水青山是彰显自然本性的生态文明。“绿水青山就是金山银山”，深刻揭示生态保护和社会发展的本质关系，是符合生态和社会发展规律的科学论断，体现生态利益与社会利益的高度和谐。生态宜居是社会良性运行的重要维度，美好生态环境是人民美好生活的坚实基础，追求绿水青山能实现人民对美好生活环境的深切期盼，是追求人与自然高度和谐、生态与社会高度和谐的结果。以“两山”理论取得“双赢”结果的治理理念蕴含对当前和未来社会发展的深入思考，对中华民族永续发展的精准追求，为当代社会甚至子孙后代的生存发展贡献无限智慧。

（三）治理方式：依靠制度和法治建设作保障

生态社会治理是一场关乎生产方式、思维方式、价值观念的重要变革，根本性变革的实现，需要健全的制度与法律作保障，这直接关乎生态社会治理的质量与成效。一系列生态社会治理制度理念以及各项具体要求是不断寻求符合新时代要求的生态社会治理新办法、新方式。同时，一系列重要制度与法律的相继出台，彰显生态社会治理的政治抉择，强化各主体的生态社会责任意识，表明提升生态社会质量的信心、决心和实践。理论是行动的先导，优美生态环境的实现、和谐社会环境的建构需要指引，需要保障。制度与法律在生态社会治理中起到主要的保障作用，在生态社会治理过程中要将制度与法律贯穿始终，加以规定和落实。法律意义上的生态治理，就是要坚守生态红线，在生态红线允许范围内适度持续地推进社会发展，严惩破坏生态环境和阻碍社会发展的行为，通过不断创新和完善生态社会治理制度保障生态社会治理顺利推行。

（四）治理宗旨：优质的生态服务是民生福祉的重要维度

生态社会治理是满足人民期盼、增强人民福祉、提升人民生活质量的关键步骤。良好的生态环境是人民生命健康、生活幸福的保障，优质的生态服务和生态产品满足了人民对美好生活向往的诉求。生态社会治理要求始终将人民群众的幸福感和获得感摆在首要位置，从民生诉求、民生期盼入手推进生态社会治理，并将其渗入维护人民群众的根本利益。生活在优质的生态环境中是人民群众的美好期盼，这直接关系到人民群众的生活质量和水平。如果只注重经济增长、社会发展，忽略了民生诉求，人民不会满意，也不会认同。实现人民生态福祉需要行之有效的生态社会治理办法，需要始终心系人民群众，始终为人民群众着想，任何事情都是从人民群众的根本利益出发，始终强调要改善城乡居民的居住环境，尤其注重农村生态治理，加快推进美丽中国建设，为健康中国创造优质的生态环境，为人民群众创造健康的生活环境。生态社会治理理论突出以人民为中心的治理宗旨，对实现人民群众对优美生态服务的期待、加快健康中国与美丽中国的实现、推进国家生态社会治理体系现代化建设具有重要意义。

知识链接

“双碳”经济

“双碳”经济是指以实现“碳达峰”和“碳中和”为目标，通过推动经济社会全面绿色转型，形成低碳、循环、可持续的经济发展模式。这种模式不仅关注经济增长，更强调资源高效利用、生态环境保护和经济社会的协调发展，是应对气候变化、推动高质量发展的必然选择。

“双碳”经济的核心内涵有：碳达峰、碳中和、绿色转型、经济高质量发展。

1. 碳达峰

碳达峰是指二氧化碳排放量在某一年达到历史最高值后，进入下降阶段。这是实现碳中和的前提，其时间和峰值的高低直接影响碳中和目标的实现难度。

2. 碳中和

碳中和是指通过植树造林、碳捕集与封存等手段，抵消人类活动产生的二氧化碳排放，实现二氧化碳的“净零排放”。这不仅包括能源领域的低碳化，还涉及工业、农业、交通等多个领域的绿色转型。

3. 绿色转型

“双碳”经济强调通过产业结构调整、能源结构优化、技术创新等手段，推动经济社会全面绿色转型。这包括发展可再生能源、推广新能源汽车、提升能源利用效率等。

4. 经济高质量发展

“双碳”经济并非对经济增长的限制，而是通过绿色低碳技术的创新和应用，创造新的经济增长点，提升经济的可持续性。例如，清洁能源、节能环保等新兴产业的发展，将为经济增长提供新的动力。

二、生态社会治理的模式

生态社会治理理论对于实现人与自然的高度和谐具有鲜明的指导意义。形成一套具有实践指导意义的生态社会的建立与实现方法，使人与自然达到高度和谐的境界，不仅是简单的生态问题，更是与民生紧密联系的社会问题。

（一）政策支持与顶层设计

制定生态政策，通过法律法规和政策引导，推动生态社会的建设。例如，制定生态补偿机制、绿色金融政策、生态产品价值实现机制等。加强政府引导，发挥政府主导作用，通过规划、投资、监管等手段，推动生态社会建设。

（二）生态经济与产业转型

推动产业生态化，通过技术创新和产业升级，推动传统产业向绿色、低碳、循环方向转型。发展生态产业，培育生态旅游、生态农业、生态制造业等新兴产业，实现生态价值与经济价值的协同增长。

（三）生态教育与公众参与

开展生态教育，将生态教育纳入国民教育体系，通过学校、社区、媒体等渠道，提升公众的生态意识。鼓励公众参与，通过环保活动、志愿服务等形式，鼓励公众参与生态社会建设。

（四）生态科技与创新

加强生态技术研发，推动生态修复、资源循环利用、绿色建筑等领域的技术创新。应用生态科技，通过智能化、数字化手段，提升生态社会管理水平。

（五）生态治理与协同合作

构建生态治理体系，通过政府、企业、社会组织和公众的协同合作，构建多主体参与的生态治理体系。加强国际合作，通过国际合作与交流，分享生态社会建设经验与成果。

生态社会的建立与实现需要从政策、经济、文化、教育、科技等多方面入手，通过顶层设计、产业转型、公众参与和国际合作，推动人与自然和谐共生。通过案例实践（如中新天津生态城和安吉余村的成功经验），我们可以看到生态社会建设的可行性和重要性。未来，生态社会的建设需要全社会的共同努力，通过科技创新和制度保障，实现可持续发展目标。

绿色行动

胸怀“国之大者”，筑牢生态安全屏障

云南省昭通市镇雄县赤水源镇银厂村，晨曦初照，穿透薄雾洒向赤水河，一幅纯净唯美的画面。赤水河全长436.5公里，作为长江上游唯一一条保持自然流态的一级支流，是呵护长江上游森林湖泊之绿、留住长江生态之美的关键区域。

共抓大保护、不搞大开发。云南省昭通市在赤水河流域17座小水电站全部稳妥退出的基础上，完成退出小水电站生态修复，率先在云贵川三省赤水河流域实现干支流无小水电，流域出境断面水质连续5年保持Ⅱ类。坚持生态优先、绿色发展，赤水河岸，果树林立，村落隐匿于葱郁的树木间，精心构建的生态护岸体系为沿岸区域推动农业、文化与旅游的深度融合发展绘出“大写意”。谋长远之势、行长久之策，通过高位统筹和协调，云贵川三省建立全国首个跨省流域横向生态保护补偿机制，形成“合作共治、成本共担、效益共享”的流域保护和治理长效机制。2023年，赤水河（昭通段）入选全国第二批美丽河湖优秀案例，流域生态保护和绿色发展取得明显成效，守护“一江清水出云南”。

在国家“两屏三带”十大生态安全屏障中，云南肩负着西部高原、长江流域、珠江流域三大生态安全屏障的建设任务，生态区位极其重要。坚决扛牢扛实赤水河流域（云南段）保护修复的“源头责任”，云南胸怀“国之大者”，筑牢国家西南生态安全屏障，为全国战略做出贡献。

十年来，云南始终把生态环境保护作为生态文明建设排头兵的“主战场”，

推动污染防治攻坚战取得新成效。16 个州（市）政府所在地城市空气质量优良天数比例连续十年超过 98%，细颗粒物浓度下降至 20.4 微克 / 立方米，较 2015 年降低 7.3%，空气质量持续保持全国领先。与 2015 年相比，地表水国控断面优良水体比例提高 31.3 个百分点、劣 V 类水体比例降低 16.4 个百分点。滇池、星云湖摘掉劣 V 类“帽子”，泸沽湖（云南部分）、赤水河（昭通段）、独龙江被评为全国美丽河湖优秀案例。环境优美、生态宜居已经成为旅居云南的鲜明标识，“有一种叫云南的生活”“美好生活在云南”逐渐成为越来越多人的诗和远方。

云南全省森林覆盖率达 55.25%、森林蓄积量达 21.44 亿立方米，均位居全国前列。加快构建以国家公园为主体的自然保护地体系，建设各类自然保护地 333 处。主动服务和融入国家生态安全体系，健全生物生态安全工作协调机制，全省 90% 的典型生态系统和 85% 的重点野生动植物得到有效保护，拯救和保存了大批珍稀物种和濒危物种资源。积极开展与周边国家的跨境生物多样性保护、跨境大气污染防治、跨界水污染防治、应对气候变化、突发环境事件应急处置等交流合作，有效防范化解重大生态安全风险，为国家生态安全做出积极贡献。

资料来源：王丹 . 深入贯彻落实习近平总书记考察云南重要讲话精神，努力争当生态文明建设排头兵：奋力书写生态文明建设新答卷 .（2025-01-10）[2025-04-18] .https：//www.xsbn.gov.cn/lyj/81729.news.detail.dhtml?news_id=2938378.

三、生态社会治理的当代价值

（一）实现生态治理理念与社会治理理念的良性互动

生态社会治理理论为助推生态治理理念实现发展与治理并举、促进人与自然共荣共生、共圆美丽中国梦提供关键性指引。保护绿水青山就是在保护社会发展的资本与底气、破解社会发展所面临的困境与瓶颈，加快社会治理就是在留住美丽、和谐与幸福。生态社会治理理论既为生态治理理念注入新鲜血液，又为社会治理理念输入理论精华，精准有效地实现生态治理理念与社会治理理念的良性互动。

（二）推动生态文明建设与社会建设向纵深发展

搞好生态文明建设和社会建设是实现社会和谐、打造优美环境、满足人民群众心之所盼的关键之举。生态文明建设是社会建设的物质基础，同样社会建设好了也会为生态文明建设提供支撑和保障。2018年5月，习近平总书记在全国生态环境保护大会上的讲话指出："生态环境是关系党的使命宗旨的重大政治问题，也是关系民生的重大社会问题。"生态问题与社会问题不能分而治之，要统筹协调、一体推进。生态社会共同治理就是为人民群众建设一个安定、和谐、幸福的社会环境，满足人民群众的心之所向。如果生态问题不彻底解决，就会制约人民群众对美好生活的向往。生态社会治理理论蕴含丰富的建设和谐优美环境的生态思维、实现幸福生活的社会思维、满足人民群众美好生活的民生思维，对于推动生态文明建设与社会建设的纵深发展、实现生态文明建设与社会建设一体化推进具有重要意义。

（三）促进美丽中国与治理现代化双重目标的实现

美丽中国关乎中国人民的幸福生活和中华民族伟大复兴。生态社会治理理论强调人民群众要自觉践行绿色环保的生活理念，珍惜自然资源，爱护环境，共同创造美丽、宜居的生活环境。我们要有强烈的责任心、信心和决心，不断提高社会治理水平，创新社会治理方式，实现国家治理体系和治理能力现代化。将生态治理与社会治理有机结合，既表明生态治理是社会治理的前提条件和必然要求，也表明社会治理为生态治理提供支撑和动力。

绿色行动

甘肃高台：做足绿色文章　擦亮生态底色

近年来，甘肃省高台县牢固树立"绿水青山就是金山银山"理念，把生态文明建设融入经济社会发展全过程，积极营造山清水秀的自然生态，推动形成人与自然和谐共生的现代化建设新格局，奋力书写新时代赶考路上的"生态答卷"。

2024年冬天，高台县境内的黑河湿地国家级自然保护区，成群野生大天鹅飞抵高台县黑河湿地栖息越冬，万鸟翔集，描绘出一幅唯美的"候鸟天堂"生态画卷。

良好的湿地生态环境仅是高台县绿色发展的一个缩影。该县紧紧围绕"南保水土、北御风沙、中建绿洲"的生态发展战略，扎实开展大规模国土绿化行动，不断巩固生态安全屏障。科学精准造林，依托"三北"工程、森林植被恢复、草原植被修复治理等林草生态建设项目，聚焦八坝滩荒漠化治理、南部绿色通道、黑泉西沙窝等重点区域，累计完成营造林 21 215 亩。标本兼治抓好生态环境问题整改，大气、土壤、水污染防治全力推进，完成各级各类反馈问题整改，环境空气质量六项指标均达到国家二级标准限值要求，土壤环境质量保持良好，地表水环境质量、集中式饮用水源水质达标率 100%。不断加大湿地保护力度，先后争取实施黑河湿地恢复保护示范区、黑河湿地湖泊生态恢复保护示范区、山水林田湖草沙等一批兼具良好生态效益和社会效益的示范样板工程，全县湿地生态环境得到有效治理修复，生态系统质量和稳定性全面提升，生物多样性得到有效保护，黑河湿地共监测到鸟类 18 目、44 科、135 种。

资料来源：张国福，王婷婷．做足绿色文章　擦亮生态底色：高台县建设绿色生态家园纪实．（2025-01-02）［2025-04-18］．https：//mp.weixin.qq.com/s?__biz=MzA3MTE4NDAyNQ==&mid=2651236815&idx=1&sn=4585fbee1973d9897762c35090a29978&chksm=85afe30bafe175ae2972206b78b3902afd99034db68d48d960d0e2d2c89fb54780b556a6f5ec&scene=27.

知识链接

“三北”防护林体系工程——构筑抵御风沙的绿色防线

“三北”地区是指我国的西北、华北和东北地区，分布着八大沙漠、四大沙地和广袤的戈壁。如今，绵亘万里的“三北”工程已构筑起一道抵御风沙、保持水土、护农促牧的绿色防线，取得巨大生态、经济、社会效益，成为生态文明建设的重要标志性工程、全球生态治理的成功典范。

20 世纪 70 年代，三北地区黄沙漫天，沟壑纵横，极大影响当地人民生产生活。1978 年 11 月，党中央、国务院做出建设“三北”防护林体系工程的重大决策。按照规划，“三北”工程建设期限为 1978—2050 年，历时 73 年，分三个阶段八期工程进行建设。2021—2030 年，是“三北”工程六期工程建设期，也是巩固拓展防沙治沙成果的关键期、攻坚期。

工程建设进展如何？据介绍，由于三北地区森林、草原、湿地和荒漠生态系统交错分布，六期工程将坚持系统观念，推进新时代防沙治沙工作。“‘三北’六期工程将荒山荒沙绿化、森林质量提升、草原保护修复、湿地保护恢复、沙化土地封禁保护等，纳入建设范畴，统一规划，统筹实施。”国家林草局三北局相关负责人表示，将强化区域联防联治，建立多部门、多层次、跨区域协同推进机制，强化部门和地区之间协同作战和信息共享。

三北地区分布着我国84%的沙化土地。“防沙治沙一直是‘三北’工程建设的主要任务之一。‘三北’六期工程将突出重点，全力打好三大标志性战役。”国家林草局三北局相关负责人介绍，这三大标志性战役为：在黄河“几字弯”区域，对黄河岸线流沙、十大孔兑粗沙区、河套灌区盐渍化等退化土地开展综合治理；在科尔沁、浑善达克沙地区域部署一批生态综合治理项目，稳步提升区域森林和草原植被盖度，恢复疏林草原自然景观原貌，减少影响京津的风沙源；在河西走廊—塔克拉玛干沙漠边缘区域，抓好天然林草植被的封育封禁保护和绿洲外围、沙漠边缘的防风固沙林草带建设，加强退化林和退化草原修复，确保沙源不扩散。

经过40多年的建设，“三北”工程的成效不断显现。

绿色屏障不断巩固。“三北”工程建设累计营造林保存面积达4.8亿亩，工程区森林覆盖率由1977年的5.05%提高到目前的13.84%，森林蓄积量由1977年的7.2亿立方米增加到目前的33.3亿立方米。

风沙危害不断减轻。“三北”工程建设累计治理沙化土地33.6万平方公里，工程区土地沙化面积及易起沙尘土地面积实现“双下降”，年均沙尘暴日数从1978年的6.8天下降到目前的2.4天。

绿色经济不断发展。目前，“三北”工程建设累计治理水土流失面积44.7万平方公里。超3 000万公顷农田得到有效防护。年产特色林果4 800万吨，产值达1 200亿元。

资料来源：董丝雨．“三北”防护林体系工程：构筑抵御风沙的绿色防线．(2023-06-22)［2025-04-18］.https：//www.forestry.gov.cn/c/www/lcdt/507582.jhtml.

本章练习

一、选择题

1. 生态社会的核心理念是（　　）。

A. 经济快速发展　　　　B. 人与自然和谐共生

C. 追求高消费生活　　　D. 最大限度开发自然资源

2. 以下（　　）不属于生态社会强调的内容。

A. 生态平衡　　B. 高碳排放
C. 可持续发展　　D. 社会公平

3. 生态社会治理的多元主体不包括（　　）。
A. 政府　　B. 企业
C. 动物　　D. 公众

4. 生态社会的核心要素中，以绿色、低碳、循环为特征的是（　　）。
A. 生态理念　　B. 生态经济
C. 生态文化　　D. 生态治理

5. 生态社会运行机制中，强调实现社会生产与生态系统协调发展的是（　　）。
A. 物质循环与能量流动　　B. 社会生产链与生态循环链的耦合
C. 生态价值转化　　D. 以上都不是

6. 生态社会中，通过教育提升公众的生态素养，属于（　　）核心要素。
A. 生态文化　　B. 生态治理
C. 生态教育　　D. 生态科技

7. 生态社会治理的最终目标是（　　）。
A. 实现经济高速增长　　B. 达到人与自然高度和谐的境界
C. 扩大城市规模　　D. 增加资源开采量

8. 生态社会治理的根本保障是（　　）。
A. 依靠民众自觉　　B. 依靠制度和法治建设
C. 依靠国际援助　　D. 依靠企业自律

9. 生态价值转化遵循的递进逻辑中，连接生态资产和生态产品的是（　　）。
A. 生态资源　　B. 生态科技
C. 生态资本　　D. 生态教育

二、填空题

1. 生态平衡是指生物群落与____________之间相互依存、相互制约的状态。

2. 生态社会以____________为核心目标，追求经济、社会和环境的协调发展。

3. 生态社会通过生态教育，培养公众的环保意识和____________。

4. 生态社会运行机制中，实现生态资源价值化和市场化遵循的递进逻辑是“生态资源→生态资产→____________→生态产品”。

5. 生态社会治理中，治理宗旨是以优质的生态服务作为____________的重要维度。

6. 法律意义上的生态治理要坚守____________，对破坏生态环境的行为严惩。

三、简答题

作为大学生，你在生态社会建设中可以发挥哪些独特作用？请结合生态社会的核心要素和运行机制进行阐述。

第七章
探寻生态文明教育的新途径

学习目标

【知识目标】

1. 了解古代生态文明思想
2. 熟悉现代生态文明思想
3. 理解生态环境的重要性

【技能目标】

1. 能够简述低碳绿色环保行为
2. 能够简述开展学生生态文明教育的途径

【素质目标】

1. 通过学习习近平生态文明思想，树立生态文明观念、涵养生态文明态度、担当生态文明责任
2. 培养保护生态环境、促进生态平衡的行为意识

【案例导入】

《孟子·梁惠王上》节选

梁惠王曰："寡人之于国也，尽心焉耳矣。河内凶，则移其民于河东，移其粟于河内。河东凶亦然。察邻国之政，无如寡人之用心者。邻国之民不加少，寡人之民不加多，何也？"

孟子对曰："王好战，请以战喻。填然鼓之，兵刃既接，弃甲曳兵而走。或百步而后止，或五十步而后止。以五十步笑百步，则何如？"

曰："不可，直不百步耳，是亦走也。"

曰："王如知此，则无望民之多于邻国也。不违农时，谷不可胜食也；数罟不入洿池，鱼鳖不可胜食也；斧斤以时入山林，材木不可胜用也。谷与鱼鳖不可胜食，材木不可胜用，是使民养生丧死无憾也。养生丧死无憾，王道之始也。"

启示与思考：

孟子与梁惠王的对话蕴含着中国古代朴素的生态智慧。当梁惠王困惑于"救灾移民"却未能"民加多"时，孟子以"五十步笑百步"的隐喻揭示：机械应对灾害不如构建可持续的生存根基。他提出的"不违农时""数罟不入洿池""斧斤以时入山林"三原则，恰是对农业文明时代生态规律的精准把握——顺应自然时序，恪守资源开发的度与节。这种"取之有度，用之有节"的智慧，正是中华文明绵延数千年的生态密码。今天的我们面对全球气候变化、生物多样性锐减等危机，更需从传统智慧中汲取养分：真正的生态文明建设不是灾难来临时的应急补救，而是在发展源头建立人与自然和谐共生的永续之道。请带着这份思考，共同探寻古典智慧对现代生态文明的启示。

第一节　树立生态文明观念　培养生态和谐态度

你是否向往"水清岸绿，鱼翔浅底"的自然风光？你是否期待繁华都市中也能拥有"蝉噪林逾静，鸟鸣山更幽"的宁静？你是否憧憬"稻花香里说丰年，听取蛙声一片"的美好景象？这些美好愿景，正是人与自然和谐共处的生动体现。在人类历史发展长河中，我们逐渐认识到：人与自然是生命共同体，生态环境是人类生存与发展的基础条件。保护生态环境，不仅是功在当代的事业，更是利在千秋的责任。

在中国，生态文明思想源远流长，深深植根于中华民族的文化基因中。从古至今，中国人始终秉持着"天人合一"的智慧，倡导人与自然和谐共生。这种理念不仅彰显我们的生态文明观念，也为全球生态治理提供宝贵启示。

一、生态文明思想溯源

（一）古代生态文明思想

我国古代贤哲对人与自然的关系有着深刻的认识，提出丰富的生态文明思想，并将其运用于实践，为后人留下宝贵的精神财富。

1. 天人合一，道法自然

“天人合一”是中国古代生态文明思想的核心，强调人与自然是不可分割的整体。儒家、道家和《周易》等经典文献中均有深刻论述。儒家认为，自然界有其运行规律，人类应顺应自然，如孔子所言“天何言哉？四时行焉，百物生焉”，强调自然界的运行无须人为干预，四季更替、万物生长皆有其内在规律。道家则主张“人法地，地法天，天法道，道法自然”，强调人类应遵循自然法则，与自然和谐相处。《周易》提出“天地之大德曰生”，认为自然界的根本属性是生生不息，人类应尊重和保护自然。

“天人合一”思想为当代生态文明建设提供重要的哲学基础。它提醒我们，人类与自然是生命共同体，而非对立关系。在当今全球生态危机背景下，这一思想启示我们应摒弃“征服自然”的观念，转而追求人与自然和谐共生。例如，在城市化进程中，应注重生态保护，保留自然空间；在经济发展中，应坚持绿色发展，减少对自然资源的过度开发。此外，这一思想还启示我们，生态文明建设不仅是技术问题，更是文化问题。我们应通过教育、宣传等方式，普及“天人合一”理念，提升公众的生态意识，推动全社会形成尊重自然、保护自然的良好风尚。

2. 取之有度，用之有节

“取之有度，用之有节”出自唐代政治家陆贽的《均节赋税恤百姓六条》，意为对自然和社会资源要有节制地索取和使用，不能只顾眼前利益而忽视长远规划。这一思想在中国古代早有渊源。春秋战国时期，先贤们便提出了类似的主张：孔子倡导“子钓而不纲，弋不射宿”，孟子强调“不违农时，谷不可胜食也；数罟不入洿池，鱼鳖不可胜食也；斧斤以时入山林，材木不可胜用也”。这些思想表明，自然资源的开发利用必须遵循自然规律，同时有所节制，不能超越自然的承载能力。

在资源日益枯竭的今天，我们应学习古人的智慧，倡导节约资源、循环利用的生活方式。例如，推广可再生能源，减少化石能源的使用；实施垃圾分类，提高资源回收利用率；在农业生产中，采用生态农业技术，减少化肥和农药的使用。通过

“取之有度，用之有节”的实践，我们可以实现资源的永续利用，为子孙后代留下宝贵的生态财富。

3. 以民为本，生态为民

以民为本是中华民族几千年来所秉持的重要政治思想。孟子的“民为贵，社稷次之，君为轻”，《礼记·大学》中“民之所好好之，民之所恶恶之”等，都是“以民为本”思想的体现。

就生态环境而言，“以民为本”的思想体现为坚持以人民为中心，不断满足人民日益增长的优美生态环境需要，着力解决人民群众最关心的生态环境问题，让人民群众呼吸上新鲜的空气、喝上干净的水、吃上绿色的食物，生活在优美安全的自然环境中，从而提升人民群众对美好生态环境的获得感、幸福感、安全感。

4. 顺应自然：遵循自然规律

中国古代思想家认为，人类应顺应自然规律，而不是试图改变或征服自然。《礼记》提出“天地合而万物生，阴阳接而变化起”，强调自然界的变化有其内在规律。荀子提出“天行有常，不为尧存，不为桀亡”，认为自然规律是客观存在的，人类应尊重和利用这些规律。《淮南子》则提出“顺天者昌，逆天者亡”，强调顺应自然规律是生存和发展的根本。这一思想启示我们，在生态文明建设中应尊重自然规律，避免盲目开发和过度干预。例如，在应对气候变化时，应减少温室气体排放，保护森林和湿地等自然碳汇；在灾害防治中，应注重生态修复，增强自然系统的韧性。通过顺应自然规律，减少生态破坏，实现人与自然可持续发展。此外，这一思想还启示我们，生态文明建设应注重科学规划和管理。例如，在城市规划中，应充分考虑自然条件，避免破坏生态平衡；在资源开发中，应注重环境影响评估，确保开发活动符合自然规律。

5. 人与自然的伦理关系

中国古代生态文明思想包含丰富的生态伦理观念，强调人类对自然的道德责任。儒家提出“仁者以天地万物为一体”，主张将仁爱之心扩展到自然界，尊重和保护万物。道家提出“天地与我并生，而万物与我为一”，强调人类与自然的平等关系。佛教则提出“众生平等”，主张尊重一切生命，反对滥杀滥伐。这一思想为当代生态伦理建设提供了重要借鉴。它提醒我们，保护自然不仅是技术问题，更是道德责任。例如，在野生动物保护中，应禁止非法捕猎和贸易；在生态修复中，应注重生物多样性保护，恢复生态系统的完整性。通过培养生态伦理意识，构建更加和谐的人与自然关系。此外，这一思想还启示我们，生态文明建设应注重公众参与。例如，通过环保教育、社区活动等方式，提升公众的生态意识，鼓励公众参与生态保护活动。通过全社会的共同努力，实现人与自然的和谐共生。

6. 可持续发展

中国古代思想家很早就认识到资源的有限性，并提出可持续发展理念。《管子》提出“春耕、夏耘、秋收、冬藏”，强调农业生产应遵循自然规律，实现资源的永续利用。《齐民要术》提出“因地制宜”，主张根据自然条件合理利用资源。《农政全书》则提出“耕读传家”，强调农业生产与生态保护的结合。

这一思想为当代可持续发展提供了重要启示。在资源利用中，我们应注重长远规划，避免短期行为。例如，在能源开发中，应大力发展清洁能源，减少对不可再生资源的依赖；在土地利用中，应注重生态保护，避免过度开发。通过践行可持续发展理念，实现经济、社会和生态的协调发展。此外，这一思想还启示我们，生态文明建设应注重科技创新。例如，通过发展绿色技术，提高资源利用效率；通过推广生态农业，减少农业生产对环境的负面影响。通过科技创新，实现经济发展与生态保护的双赢。

7. 生态美学：自然与人文的融合

中国古代生态文明思想还体现在对自然美的追求上，强调自然与人文的和谐统一。山水画通过描绘自然景观，表达对自然的热爱和敬畏。园林艺术通过模拟自然景观，体现“虽由人作，宛自天开”的生态美学理念。诗词歌赋则通过赞美自然，抒发对自然的敬畏和热爱。

这一思想启示我们，生态文明建设不仅是技术问题，更是文化问题。在城市建设中，应注重生态景观设计，营造人与自然和谐共处的环境；在教育中，应加强生态美学培养，提升公众的生态意识。通过弘扬生态美学，构建更加美好的生态文明社会。此外，这一思想还启示我们，生态文明建设应注重文化传承。例如，通过保护传统村落、古建筑等文化遗产，传承生态智慧；通过推广生态旅游，促进文化与自然的融合。通过文化传承与创新，实现生态文明建设的可持续发展。

（二）现代生态文明思想

1. 人与自然生命共同体

“人与自然生命共同体”是习近平生态文明思想的核心理念，强调人类与自然是共生共荣的关系，而非对立关系。这一理念继承中国传统文化中的“天人合一”思想，同时结合马克思主义关于人与自然关系的论述。它认为，人类是自然的一部分，自然为人类提供生存和发展的基础，人类应尊重自然、顺应自然、保护自然。

“天人合一”不仅揭示了人与自然的基本事实关系，还蕴含着深刻的价值原则，对人类的思维和行动具有重要的规范引导作用。遵循这一原则并践行的过程，就是人类正确处理人与自然关系、实现共生发展的过程。反之，如果忽视“天人合一”的基本事实，否认人是自然的一部分，就会导致人类在发展过程中只讲索取和利用，忽视保护和修复。因此，将“天人合一”内化为一种价值原则，是坚持人与自然和谐共生的关键。

“人与自然是生命共同体”的全新思维，汲取中国传统生态智慧，借鉴人类文明的优秀成果，是对马克思主义关于人与自然关系思想的继承和发展。这一理念从更高层次将人与自然视为一个有机整体，强调人与自然的辩证统一关系。2015 年 9 月 28 日，习近平主席在第七十届联合国大会一般性辩论上的讲话中指出：“人类可以利用自然、改造自然，但归根结底是自然的一部分，必须呵护自然，不能凌驾于自然之上。”大自然是包括人类在内一切生命的摇篮，是人类赖以生存和发展的基本条件。人类应以自然为根，尊重自然、顺应自然、保护自然。

尽管人类通过劳动实践改变了人与自然的关系，但人类始终依赖自然。自然为人类提供生存的基本条件，人类在与自然的互动中生产、生活、发展，形成一种共生共存的关系。这种关系要求我们在发展中始终秉持“人与自然生命共同体”的理念，实现人与自然和谐共生。

2. 绿水青山就是金山银山

“绿水青山就是金山银山”强调生态保护与经济发展的辩证统一。良好的生态环境是最普惠的民生福祉，生态保护可以转化为经济优势。这一思想继承了中国传统文化中的“天人合一”智慧，体现了人与自然和谐共生的本质内涵。绿水青山不仅是自然财富和生态财富，更是社会财富和经济财富。正如古语所言：“草木植成，国之富也。”巍巍高山、茫茫草原、茂密森林、碧海蓝天、洁净沙滩、湖泊湿地、冰天雪地等，都是大自然的慷慨馈赠，也是人类永续发展的最大本钱。离开了绿水青山，人类社会的一切财富都将成为无源之水、无本之木。

绿水青山是人民幸福生活的重要内容，树立和践行“绿水青山就是金山银山”的理念，一定要从思想认识和具体行动上做出根本转变。守好这方碧绿、这片蔚蓝、这份纯净，把绿水青山建得更美，把金山银山做得更大，方能让人民群众在绿水青山中共享自然之美、生命之美、生活之美。

3. 生态文明建设的“五位一体”

生态文明建设的“五位一体”是习近平生态文明思想的重要组成部分，将生态文明建设纳入中国特色社会主义事业总体布局，与经济、政治、文化、社会建设并列。这一理念体现了中国共产党对生态文明建设的高度重视，认为生态文明建设不仅是实现可持续发展的重要保障，更是中国特色社会主义事业的重要目标。它强调，生态文明建设应贯穿于经济、政治、文化、社会建设的全过程，实现人与自然和谐共生。

“五位一体”理念蕴含着深刻的价值原则，即生态文明建设与其他四大建设相辅相成、相互促进。这一原则要求我们在发展中始终秉持生态优先、绿色发展理念，将生态文明建设作为经济社会发展的基础和前提。要坚持生态优先，在经济发展中优先考虑生态保护，避免以牺牲环境为代价换取短期经济利益；要坚持协调发展，推动生态文明建设与经济、政治、文化、社会建设的深度融合，实现全面协调可持续发展；要坚持人民至上，将生态文明建设作为最普惠的民生福祉，满足人民对美好生态环境的需求。

4. 生态优先、绿色发展

强调绿色发展，将生态优先作为发展的基本原则，这一理念源于可持续发展理论，同时结合中国发展实际，要求我们在发展中优先考虑生态保护，推动经济结构绿色转型，实现经济发展与生态保护的双赢。

绿色发展理念为生态文明建设提供了重要路径。首先，推动绿色经济发展是绿色发展的核心任务。通过产业结构调整，发展低碳经济、循环经济和共享经济，减少资源消耗和环境污染；通过发展生态旅游、生态农业等绿色产业，实现生态效益与经济效益的双赢；通过推广资源节约和循环利用技术，减少资源浪费，实现资源的永续利用。其次，加强生态保护与修复是绿色发展的重要保障。通过实施退耕还林、湿地保护等生态修复工程，恢复生态系统的功能；通过划定并严守生态保护红线，确保生态系统的完整性和稳定性；通过加强环境污染治理，改善空气、水、土壤质量，提升生态环境质量。最后，提升公众生态意识是绿色发展的社会基础。通过加强生态文明教育，将绿色发展理念纳入学校教育和社会教育，提升公众的生态意识；通过倡导绿色生活方式，鼓励公众参与生态保护活动，形成全社会共同参与的良好氛围；通过弘扬传统文化中的生态智慧，如“天人合一”“道法自然”，增强文化自信。

5. 生态治理：系统治理、综合治理

生态治理的系统性和综合性，注重从整体上解决生态问题，认为生态治理需要统筹山水林田湖草沙系统治理，注重生态系统的整体性和协同性。通过系统治理和综合治理，可以提高生态治理的效率和效果，实现人与自然的和谐共生。

生态治理的系统性和综合性蕴含着深刻的价值原则。首先，它强调整体性，将生态系统视为一个有机整体，注重各要素之间的相互联系和相互作用。其次，它注重协同性，强调生态治理需要跨区域、跨部门协同合作，形成治理合力。最后，它倡导科技支撑，运用现代科技手段提升生态治理能力，实现精准治理和高效治理。

在实践层面，首先，实施生态修复工程是生态治理的重要举措。例如，通过退耕还林工程恢复森林生态系统，提高植被覆盖率；通过湿地保护与修复工程恢复湿地的生态功能，提升生物多样性；通过荒漠化治理工程防止土地退化，改善生态环境。这些工程不仅修复了受损的生态系统，还为区域经济发展提供生态支撑。其次，推动跨区域、跨部门合作是生态治理的关键。在区域层面，推动流域综合治理、区域大气污染联防联控等，形成治理合力；在部门层面，加强生态环境、自然资源、农业农村等部门的协同合作，实现生态治理的统筹推进；在社会层面，鼓励企业、社会组织和公众参与生态治理，形成全社会共同参与的良好氛围。这种协同合作模式能够有效解决生态治理中的“碎片化”问题，提高治理效率。最后，运用科技手段提升治理能力是生态治理的重要支撑。通过生态监测网络，利用卫星遥感、无人机等技术实时掌握生态系统状况；通过环境大数据分析，为生态治理提供科学依据；通过人工智能、物联网等技术，实现生态治理的智能化和精准化。这些科技手段不仅提高了生态治理的科学性，还为生态治理提供了新的工具和方法。

6. 生态文化：传承与创新

强调生态文化的传承与创新，将传统文化中的生态智慧与现代生态文明理念相结合，这一理念继承了中国传统文化中的“天人合一”“道法自然”等思想。生态文化是生态文明建设的重要支撑，需要通过教育和宣传提升公众的生态意识。推动生态文明理念深入人心，形成全社会共同参与的良好氛围。生态文化的传承和创新要求我们在实践过程中加强生态教育，将生态文明理念纳入学校教育和社会教育；弘扬传统文化中的生态智慧，增强文化自信；推动生态文化建设，如生态旅游、生态艺术等。

7. 全球生态治理：共建美丽地球家园

强调全球生态治理，主张共建人类命运共同体，这一理念源于中国传统文化中的“天下大同”思想，同时结合全球生态治理的现实需求。生态问题是全球性问题，需要全球合作解决，中国应积极参与全球生态治理，推动全球生态治理合作，共建美丽地球家园。在实践方面，我们可以积极参与国际生态治理合作，如《巴黎协定》《生物多样性公约》等；推动“一带一路”绿色发展，促进共建国家的生态合作；加强国际技术转让和资金支持，帮助发展中国家提升生态治理能力。

知识链接

可持续发展理论

可持续发展理论是一种旨在实现经济、社会和环境三者协调发展的理念，其核心思想是在满足当代人需求的同时，不损害后代人满足其需求的能力。这一理论强调“三重底线”，即经济、社会和环境三个维度的平衡与协调。在经济层面，可持续发展追求经济增长，但避免以牺牲环境和社会公平为代价；在社会层面，它关注社会公平与福祉，确保所有人都能享有发展成果；在环境层面，它强调保护自然资源和生态系统，减少环境污染和生态破坏。

可持续发展理论的发展历程可以追溯到20世纪70年代。1972年，联合国人类环境会议（斯德哥尔摩会议）首次提出环境与发展的关系问题。1987年，联合国《我们共同的未来》报告首次定义了可持续发展，强调代际公平。1992年，联合国环境与发展大会（里约地球峰会）通过《21世纪议程》，成为全球可持续发展的行动纲领。2015年，联合国通过《2030年可持续发展议程》，提出17个可持续发展目标（SDGs），为全球可持续发展提供具体行动框架。

可持续发展理论的基本原则，包括公平性、持续性和共同性。公平性强调代内公平（当代人之间的公平）和代际公平（当代人与后代人之间的公平）；持续性要求经济活动在生态系统的承载能力范围内进行；共同性则指出全球性问题需要全球合作解决，各国共同承担责任。这些原则为可持续发展实践提供了理论指导。

二、探寻绿色

绿色在华夏文明中既是自然生机的象征，又蕴含“天人合一”与永续发展的智慧。从古籍中的生态智慧到传统美学中的生态理念，如今这抹东方原色正重构现代生活美学，促进人与自然和谐共生。

（一）拥有绿色情商

绿色情商是美国心理学家丹尼尔·戈尔曼在情商概念的基础上提出的衡量人们生态智慧高低的指标。绿色情商在人类社会与自然生态平衡发展的诉求中产生，它着眼于人的可持续发展意识，不仅审视人与自然的关系，而且为人的具体实践方法和生产方式提供指引，同时也为人与自然建立和谐关系开辟新的思考维度。丹尼尔·戈尔曼提出用以下四个标准来衡量个体是否具备绿色情商：

（1）是否了解自己对环境造成的破坏；

（2）是否从不过度或盲目消费；

（3）是否从不购买对环境、健康产生负面影响的商品；

（4）是否关心并了解产品的每个生产环节所消耗的资源和排放的有害物质。

也就是说，人们应当处处留心自己的行为是否环保，是否符合可持续发展理念，是否量入为出和节约。只有具备达到环保和可持续发展标准的行为习惯，才能被视为具有绿色情商。

培养学生的绿色情商，旨在全面提高其生态文明素质。学生只有具备一定的理性思维和是非辨别能力，如知道在开发和利用自然的过程中必须遵循哪些原则、哪些行为习惯是符合生态道德的等，才能最终确立正确的生态文明意识，并自觉与违背生态文明的思想和行为做斗争。

（二）做到绿色消费

绿色消费也称“可持续消费”，主要包括三层含义：一是倡导消费者在消费时选择未被污染或有助于公众健康的绿色产品；二是提醒消费者在消费过程中注重对垃圾的处置，不造成环境污染；三是引导消费者转变消费观念，崇尚自然，追求健康，在追求生活舒适的同时，注重环保，节约资源和能源，实现可持续消费。

国际上有些环保专家把绿色消费原则概括为“5R”原则，即节约资源，减少污染（reduce）；绿色消费，环保选购（reevaluate）；重复使用，多次利用（reuse）；

分类回收，循环再生（recycle）；保护自然，万物共存（rescue）。

学生是引风气之先的社会力量，其自觉树立绿色消费观念，对于引导社会消费环境的改善具有积极的推动作用和重要的引领作用。树立绿色消费观，需要学生摒弃消费主义倾向，强化资源稀缺意识和节约意识，以不对生态环境构成危害的消费理念指导消费行为，实现从过度消费向适度消费转变，从环境损害型消费向环境友好型消费转变，把消费限制在环境的承受能力之内。

（三）助力绿色共富

绿色共富即“绿色发展，共同富裕”，是涵括物质财富与精神财富的全方位共富观，它对应的不仅是生态经济效益，更是一种绿色发展观，给人民带来获得感、幸福感和安全感。“绿色共富”倡导简约适度、绿色低碳的生活方式。于个人而言，绿色共富体现在衣、住、行等方面。

“衣”方面，人们既要进行绿色服装消费，又要按实际需要合理适度购买衣物。同时，也要对旧衣物进行恰当处理，如向社区旧衣物回收箱、各购物平台的旧衣物回收业务等捐赠旧衣物，或者在二手购物平台售卖旧衣物，以此实现衣物的绿色循环利用。

“住”方面，人们既要选择绿色建筑，又要主动创造绿色家居环境。例如，在装修时选用绿色环保建材、购买节能环保家用电器、用绿色植物装点居室等。

“行”方面，绿色出行是最佳出行方式，既能够节约能源、提高能效、减少污染，又有益于身体健康。因此，每个人都应该有意识地选择相对环保的“绿色出行”方式，如践行“135”低碳出行方式，即1千米内步行、3千米内骑行、5千米内公交车出行，给城市交通减轻一点负担，给自然少添一些污痕，为保护人类共同的家园贡献一份力。

三、提倡低碳

低碳，是指较低（更低）的温室气体（以二氧化碳为主）排放。低碳涵盖了低碳社会、低碳经济、低碳生产、低碳消费、低碳生活、低碳城市、低碳社区、低碳家庭、低碳旅游和低碳文化等。其中，低碳生活是核心内容。

（一）开启低碳生活

低碳生活，是指日常生活中所消耗的能量要尽可能减少，从而降低二氧化碳的排放量。具体地说，低碳生活就是在不降低生活质量的前提下，通过改变一些生活方式，减少能耗，降低二氧化碳排放量。

日常生活中，每个人的衣食住行用都直接或间接地留下“碳足迹”。每个人的碳排放量虽然小，但汇聚起来却不容小觑。其实，生活中一些细微的生活习惯，如超市购物自带“环保袋”、外出聚餐打包剩饭菜、住宾馆自带洗漱用品、抵制过度包装、随手关闭水龙头、拒绝使用一次性餐具、双面使用纸张、垃圾分类入箱等，都会减少能源的消耗，进而影响和改善我们的环境。

如果人人都能自觉践行低碳生活理念，积极倡导文明、健康、绿色的生活方式，不仅能提升个人的生活品质，也能为守护蓝天碧水、共享美丽中国贡献一份绿色力量。

知识链接

世界粮食日

世界粮食日（Wold Food Day，WFD），是世界各国政府每年在 10 月 16 日围绕粮食和农业生产发展举行纪念活动的日子。

1979 年 11 月，第 20 届联合国粮农组织大会决议确定，1981 年 10 月 16 日是首届世界粮食日，此后每年的这一天都作为世界粮食日。宗旨在于唤起全世界对粮食和农业生产的高度重视。

民以食为天，粮食在整个国民经济中始终具有不可替代的基础地位。1972 年，由于连续两年气候异常造成的世界性粮食歉收，加上某些国家大量抢购谷物，出现了世界性粮食危机。联合国粮农组织于 1973 年和 1974 年相继召开第一次和第二次粮食会议，以唤起世界，特别是第三世界注意粮食及农业生产问题。但是，问题并没有得到解决，世界粮食形势更趋严重。关于世界粮食日的决议正是在这种背景下做出的。

2024 年 10 月 16 日是第 44 个世界粮食日，主题是“粮安天下，共建更好生活，共创美好未来”。10 月 16 日所在周是我国粮食安全宣传周，2024 年宣传周的主题是“强法治保供给　护粮安”。

（二）助力低碳行动

随着全球变暖对地球家园和人类生活带来的影响日益明显，低碳生活的理念也越来越深入人心。开启“低碳生活”，选择对环境友好的生活方式已成为一种时尚，也是现代人追求的美好生活状态。作为未来社会的主力军，学生们的低碳意识和行动至关重要。以下是一些学生可以参与的低碳行动。

（1）节约用电：合理使用电器设备，避免浪费电力资源。

（2）绿色出行：骑自行车、步行或搭乘公共交通工具，减少乘坐私家车的次数。

（3）垃圾分类：积极参与学校的垃圾分类和回收活动，减少垃圾对环境的污染。

（4）节约用水：养成良好的节水习惯，减少水资源浪费。

（5）推广环保意识：通过组织宣传活动、举办讲座等形式，增强环保意识，鼓励大家加入到低碳行动中。

（6）参与植树造林：积极参与学校或社区的植树造林活动，为环境保护贡献自己的力量。

（7）支持环保项目：参与支持环保机构或组织的活动，如参加环保义工服务，捐款支持环境项目等。

绿色行动

绿色“颜值”　金色价值

浙江省安吉县山川乡大里村村部对面的山谷里，一道巨大的瀑布从高耸入云端的山崖上奔泻而下，水珠四溅，如云漫雾绕，分不清哪是水，哪是雾。

在这如仙境之处，游客手捧一杯瀑布咖啡，眼望竹海卷起千重浪，耳听山间清脆鸟鸣，这份惬意和快乐非亲临现场难以体会。

瀑布咖啡打卡点下方约三百米处，是西餐厅、歌舞酒吧、烧烤和露营基地等业态，深山竹林里俨然成了一个世外乐园。

“每一杯瀑布咖啡价格的 5%、所有业态年利润的 15% 提留归村集体，这个项目一年村集体能收 50 万元。”大里村党总支书记说。

在竹海里沉睡千年的瀑布一炮走红，是安吉在生态文明建设中转变观念、主动作为、不断探索的缩影。原来分散在各家各户的毛竹山全部流转至村毛竹合作社，变分散经营为统一规模经营，村民用竹山入股拿股金，还能在自家毛竹山干活拿薪金，年终经营业绩出来后又能分红。

竹子是速生、再生植物，4 年便可利用。一棵竹子能固定 6 立方米土壤，一公顷竹林能蓄水 1 000 吨，每亩毛竹林每年碳增汇量为 0.39 吨。2021 年底，安吉成立县属国有企业——安吉两山生态资源资产经营有限公司，创立全国首个县级竹林碳汇收储交易中心——两山竹林碳汇收储交易中心，去年打造竹林碳汇交易系统。

收储的竹林碳汇谁来买？当地银行机构开发“碳汇惠企贷”，对符合要求的企业给予利率优惠，用于购买碳汇。竹林碳汇成了企业的“最爱”。

山川乡是安吉最偏僻的山乡，大里村是山川偏僻的山村，7 150 亩竹林碳汇被收储后，一次性获得 30 年收储金 8 500 万元，村里用这笔钱改善基础设施，引进云下飞瀑等 17 个休闲项目，形成湖中游艇、山中露营、空中滑翔的水陆空立体业态，乐了游人、富了乡亲，村集体经济年收入超过 500 万元。

72 岁的李云福老汉说，“做梦都没想到竹子能成‘摇钱树’，竹山能成‘聚宝盆’，‘空气’能变成真‘金’，‘好风光’变成‘提款机’”。

在 2023 年中国国际服务贸易交易会上，安吉产的竹制收纳盒、竹刀叉勺等 100 件“以竹代塑”产品成为抢手货，竹餐具作为“国礼”走进杭州亚运会，绿色智造的“含绿量”提升为“含新量”，再提升为“含金量”，2022—2023 年，飞天云动等 6 家新经济企业逆势上市，即将落户的上市企业 21 家，总市值超过千亿元。

资料来源：陈毛应 . 浙江安吉：绿色“颜值” 金色价值 . 人民日报（海外版），2023-10-18.

第二节 担当生态文明责任 践行生态文明行为

一、增强生态文明意识与责任感

生态文明建设需要全社会的共同努力，而学生作为未来社会发展的生力军，在生态文明建设中担负着重要责任。只有学生树立生态文明意识，并将其转化为自身的行为规范，成为生态文明理念的宣传者、生态文明建设的参与者和生态文明行动的示范者，才能更好地实现生态文明建设。

（一）培养生态文明科学意识

培养学生的生态文明科学意识，关键是培养学生对生态文明和环境问题的科学认知，了解基本的生态文明知识。具体可以从以下几个方面着手。

1. 明确人与自然是生命共同体

学生要认识到人是自然的一部分，人类无法脱离自然。虽然人们能通过劳动来改造自然，但不能超越自然、奴役自然，否则，一定会遭到自然的报复。

2. 了解资源的有限性

我国幅员辽阔，物产丰富，但由于人口数量多、基数大，所以，人均资源并不多，而且还存在一定的环境污染现象。这些现实问题对我国自然资源和生态环境造成巨大压力，对此学生必须有清醒认识，珍惜有限自然资源，并学会合理利用。

3. 重视科技的力量

科学技术的进步使人类认识和改造自然的领域不断扩大，能够利用的资源不断增多，如现在已被广泛利用的太阳能、风能、潮汐能等。学生应该在学校努力学习科学文化知识、关注前沿科技，学会利用科技手段来处理人与自然的关系，从而更好地建设生态文明社会。

只有认识到人与自然是密不可分的，正视资源并不是取之不尽用之不竭的，才能更好地处理人与自然的关系，更积极主动地保护自然。只有重视科技的力量，才能找到更多可以利用的可再生资源替代不可再生资源，缓解地球压力，从而真正实现人与自然的可持续发展。

（二）树立生态道德意识

在人类社会发展过程中，人与自然存在着各种各样的联系，也会产生各种各样的矛盾，这就需要生态道德规范进行调节。《新时代公民道德建设实施纲要》指出："绿色发展、生态道德是现代文明的重要标志，是美好生活的基础、人民群众的期盼。"要做到时时刻刻遵守生态道德规范，就要将生态道德意识内化于心。

对学生来说，培养生态道德意识就是要培养自身较高的生态文明道德素养，自觉按照生态文明建设规则来规范和约束自己的行为。

学生树立生态道德意识应从以下三个方面着手：

首先，认识到人类的生存和发展离不开良好的生态环境。良好的生态环境既是人类生存之本，也是人类保持身心健康，获得高质量生活的重要条件。

其次，主动维护生态平衡，珍惜与善待各种生命，特别是保护珍稀濒危动植物。

最后，向各行各业的生态文明道德榜样模范学习，争做新时代守护绿水青山的生态卫士。

生态文明道德意识体现了人类道德进步的新境界与人类自我完善的新发展，它要求人们自觉承担起对自然环境保护的责任。

（三）培养生态文明法治意识

当前，生态文明观念已经逐渐深入人心，但在日常生活中，滥食野生动物、滥伐珍稀树木等现象还时有发生，这暴露出部分公众法治意识不强、守法意识薄弱问题。因此，要建设生态文明，必须加强法治建设，为生态文明建设提供法律保障。

当前，我国生态环境方面的法律法规体系已经基本建立，其内容涉及大气、海洋、水、土地、矿藏、山脉、草原、森林和动植物资源等各个层面，具体包括《中华人民共和国环境保护法》《中华人民共和国大气污染防治法》《中华人民共和国海洋环境保护法》《中华人民共和国野生植物保护条例》等。特别是2014年修订的《中华人民共和国环境保护法》，引入了生态文明建设和可持续发展理念，确立了保护环境的基本国策和基本原则，规定了公民的环境权利和环保义务，规范了政府、企事业单位和其他生产经营者的环保责任等。这些法律确保了社会主义生态文明建设有法可依，同时，也在制度上为公民的生态文明法治意识培养提供了保障。培养学生生态文明法治意识可以从以下两个方面着手。

1. 开展基本的生态文明法律知识普及教育

学生通常能够意识到环境法律法规在生态文明建设中的重要性，但对相关的具体措施却知之甚少。大部分学生认为企业生产过程中产生的废水、废气和固体废物是破坏生态环境的罪魁祸首，而对个体在生活中因为缺乏环境法律知识而导致的环境破坏并不太了解。因此，应开展基本的生态文明法律知识普及教育。

2. 开展基本的生态文明维权意识教育

公民既享有个人居住的生态环境不受污染和破坏的权利，又有保护生态环境的义务。当人们追求良好生态环境的权利受到侵犯时，就应该运用法律武器来维护自己的合法权益。而要想维护这种合法权益，就必须掌握环境法律知识。但在现实生活中，人们往往忽视了自己具有享受良好生态环境的权利，不知道自己的合法权益已经或者正在遭受侵害，有些人即便知道，也没有依法保护自身利益的法律维权意识。作为学生，应当具备生态文明维权意识，勇于同破坏生态文明的行为说“不”，并能够运用法律武器捍卫自身的合法权益。

法律制度是文明的产物，它标志着文明进步的程度，其作用在于用刚性的制度约束，惩罚人类的不文明行为。健全的生态法律制度不仅是生态文明的标志，而且是生态保护的最后一道屏障。

（四）规范生态文明行为

生态文明建设不仅要根植在意识里，更要落实到行动中，每一位公民都不能置身事外。《公民生态环境行为调查报告（2022）》（以下简称《报告》）显示，我国公众普遍具备较强环境行为意愿，但在不同领域实际行为表现存在差异。其中，行为表现较好的领域是“呵护自然生态”“关注生态环境”“减少污染产生”“节约能源资源”“选择低碳出行”和“分类投放垃圾”，受访者在这些领域基本能够做到“知行合一”；行为表现一般的领域是“践行绿色消费”“参加环保实践”和“参与监督举报”。

《报告》显示，在环境状况感知方面，超八成公众认为其所在城市的生态环境问题不严重，部分公众认为其住处附近存在空气污染（23.1%）、噪声污染（15.6%）和垃圾废弃物污染（15.3%）等突出环境问题。除均认为空气污染和垃圾废弃物污染是突出环境问题外，城镇居民更多感受到噪声污染（17.9%），乡村居民则更多感受到水污染（13.2%）和土壤污染（11.6%）。

《报告》显示，公众对政府生态环保工作高度认可，普遍认为中央和地方政府生态环保工作力度都在不断增强，认为增强的人数占比分别为 69.2% 和 64.7%。公众对所在城市的生态环境质量总体较为满意，东部地区公众的满意程度最高，东北地区公众的满意程度最低。超六成公众认可其获得感和幸福感整体上因政府的生态环保工作在不断增强，17.1% 的公众认为其获得感和幸福感增强了很多。

与往年调查结果相比，《报告》显示，公众在多个方面行为表现均有提升：在关注环境信息方面，2019 年经常关注环境信息的受访者人数占比为 60.8%，到 2022 年，主动关注或传播交流过环境信息的受访者人数占比接近八成，比 2019 年增长了近两成；在践行绿色消费方面，2020 年能经常做到购买绿色产品的人数占比为三到四成，到 2022 年，人数占比已超过六成；在分类投放垃圾方面，2019 年仅有 30.1% 的受访者认为自身在垃圾分类方面做得比较好，到 2022 年，经常能有效投放各类垃圾的人数占比达六成以上；在环保监督举报方面，2022 年有超一成（14.8%）受访者举报过环境问题，比 2021 年（10.6%）有所提高。

在生态文明行为方面，全社会都应更加努力。特别是学生，作为国家未来的栋梁，在学校已经学习了大量的生态文明知识，更重要的是要用生态文明相关知识武装头脑，充实思想，将其转化为实际行动，成为其他人的表率。“知行合一”对学生来说具有积极的指导意义和现实价值。

课堂互动

开展“地球一小时”活动

1. 介绍“地球一小时”活动的背景和意义

“地球一小时”也称“关灯一小时”，是世界自然基金会在2007年向全球发出的一项倡议：呼吁个人、社区、企业和政府在每年三月最后一个星期六晚上8:30—9:30熄灯一小时，以此来激发人们对保护地球的责任感，以及对气候变化等环境问题的思考，表达对全球共同抵御气候变暖行动的支持。

2. 开展讨论与思考

学生合作策划“地球一小时”活动在校园内的具体实施方案。

问题1：分析全球气候变化和环境问题对人类的影响。

问题2：探讨如何通过行动保护地球，倡导低碳生活方式。

二、保护生态环境

《中共中央关于党的百年奋斗重大成就和历史经验的决议》指出：“生态文明建设是关乎中华民族永续发展的根本大计，保护生态环境就是保护生产力，改善生态环境就是发展生产力，决不以牺牲环境为代价换取一时的经济增长。”

（一）生态环境的重要性

生态是与各生物体有着紧密联系的关系总和。生态是一种互动性适应关系，它是一种实体，实实在在存在于周边环境和社会中。加强城市生态环境建设对全球有着重要作用，是一项化整为零的政策，可以大大提高全球生态环境质量，有效改善全球生态环境面貌，从根本上处理生态环境问题，加固全球生态环境的稳定性，促进世界各地的生态循环，有利于维护自然界生态的稳定性。对于自然界本身而言，生态的形式有许多，如森林生态系统、湿地生态系统、草原生态系统等。这些生态系统的变化从来就是有生有灭的，不断进化，不断演变，不停发展，或好或坏，甚至有些在消亡。生态环境与我们的生活有着密切联系，是人们生活的最根本基础。生态环境中的生态系统有着能量流动、物质循环、信息传递等重要功能，只有维持在相对稳定情况下，人类的各种社会活动才能正常进行。

我国是个城市多、人口量大的国家，且城市多元化，有着各自的发展方式，致使我国面临许多问题。加强城市生态环境建设，有利于我国根据不同城市现状解决相应问题。加强生态环境建设已成为我国在发展道路上至关重要的一步。2022 年 10 月 22 日，习近平总书记在深入推动黄河流域生态保护和高质量发展座谈会上强调："在实现第二个百年奋斗目标新征程上，要坚持生态优先、绿色发展，把生态文明理念发扬光大，为社会主义现代化建设增光增色。"生态本身就是经济，保护生态环境就是保护生产力，改善生态环境就是发展生产力。在新时代新征程上，正确处理好经济社会发展同生态环境保护之间的关系，以实际行动贯彻落实好习近平生态文明思想，推动实现更高质量、更有效率、更加公平、更可持续、更为安全的发展，走出一条生产发展、生活富裕、生态良好的文明发展道路，进而建设天更蓝、山更绿、水更清的优美环境，维护好绿色这个大自然的底色，不但是指引我国经济社会发展在世界百年未有之大变局中乘风破浪、行稳致远的必然选择，也是事关中华民族伟大复兴和永续发展的千秋大计。

（二）开展学生生态知识教育的途径

环境保护是我国一项长期的基本国策，是国家实现可持续发展战略的重要内容。积极开展生态环境教育，倡导绿色文明，是德育工作必不可少的内容之一。

1. 加强生态教育，引导学生树立正确观念

学校要及时开展对学生的生态认知教育，加强学生生态意识教育，良好的生态意识是现代社会个体素质的重要方面，也是一个国家和民族文明程度的重要标志。通过举办相关知识讲座、讨论会、辩论会等丰富多彩的活动对学生进行诱导式教育，激发学生对生态环境重新理解与认知，摒弃那些不注重环保的陋习，树立绿色环保的思想、勤俭节约的朴素精神和正确的生态价值观。

2. 不断强化生态环境课程学习，扩展多学科视野

在校学生学习扩展多学科视野，不仅可以提供理论和方向支撑，还可以为学生个人成长提供有利平台。强化生态理论学习，有利于学生更好地掌握生态相关知识。在具体学习中，要强化核心知识，扩展多学科视野，锻炼多方面能力，培养兴趣多元化，掌握不同方面的知识与技能，善于应用所学知识，与实践生活相结合，

真正做到学以致用。

3. 建立完善的生态交流平台，关注重点生态问题

如今，网络已成为学生学习生活中不可替代的一部分，可巧妙利用网络这一载体来为生态建设服务。网络具有及时性、开放性、互动性等特点，通过网络来搭建公共生态知识交流平台，不仅可以第一时间分享生态动态，还有利于促进学生间的互动与交流，提高当代学生的凝聚力。例如，创建生态环境保护交流群，每个人都可以将有关生态活动的照片、信息上传，随时随地进行信息交流。以网络为平台，可以有效打破时间和空间限制，有助于学生对生态环境的了解，在学习的同时更方便快捷地了解生态实事，更好地培养社会归属感。

4. 拓宽生态环境宣传途径，扩大影响范围

在信息化时代，网络已成为人类生活中必不可少的一部分。网络的发展带动了新型媒介的发展，与此同时，可供宣传的媒介也越来越多。宣传手段多元化，可以采用线上线下方式，通过讲座、微信、QQ、广播等多种形式，宣传生态环境知识。学校活动中可以穿插生态环境相关知识宣传，如利用广播，在下课休息时间段播报生态纪录片。

5. 开展实践活动，提高对自然环境的了解度

实践活动是增进学生对生态环境进一步了解的重要渠道，在加强学生对生态环境的认知中发挥着举足轻重的作用。学校应培养学生多方面发展，做到知识理论教育与社会实践教育相结合，弥补单纯专业教育在人格培养上的不足，促进学生全面发展。实践活动贵在“精”，不求多。开展实践活动，一方面要凸显生态环境这个主题，让学生在参与活动的同时，深刻体会到生态环境的重要性，吸引更多学生的注意力与参与度；另一方面要注意创新活动形式，彰显活动的意义，让学生学到更多的生态知识，能从自身做起，做到保护生态环境，人人有责。

本章练习

实训题

假如你是学生会干部，学校要求学生会针对全校学生开展生态教育与公众参与活动。请参考下表制定一份详细的活动策划方案。

活动策划方案

标题	项目	内容
活动整体规划	主题	
	周期	
	目标	
活动形式设计	低年级活动	
	高年级活动	
	公众参与活动	
	社团联合活动	
宣传推广策略	线上	
	线下	
活动组织与人员安排	学生会人员安排	
	社团人员安排	
	志愿者招募与安排	
活动效果评估	评估指标与方法	
	总结与改进	

参考文献

［1］曹顺仙. 走进生态文明：生态文明十讲［M］. 北京：中国林业出版社，2023.
［2］钱海. 生态文明与中国式现代化［M］. 北京：中国人民大学出版社，2023.
［3］龚维斌，乔清举. 生态文明与生态文化建设［M］. 北京：国家行政学院出版社，2023.
［4］宋月红. 新时代的生态文明建设［M］. 北京：当代中国出版社，2022.
［5］谢花林，姚冠荣，等. 生态文明建设理论与实践［M］. 北京：经济科学出版社，2021.
［6］鞠美庭，楚春礼，于明言，等. 生态文明导论［M］. 北京：化学工业出版社，2021.
［7］张云飞，周鑫. 中国生态文明新时代［M］. 北京：中国人民大学出版社，2020.
［8］宫世国. 生态文明知识简明读本［M］. 芜湖：安徽师范大学出版社，2020.
［9］曹立，郭兆晖. 讲述生态文明的中国故事［M］. 北京：人民出版社，2020.
［10］罗基保. 绿水青山，大有可为：生态文明教育［M］. 北京：北京教育出版社，2024.